INVIRTIENDO EN PROPIEDADES DE ALQUILER PARA PRINCIPIANTES

COMPRA BAJO y ALQUILA ALTO

¡Hagamos Que El Efectivo Fluya!
Lisa Phillips

ISBN: 978-1-7326445-1-9

Regalo Gratuito Para Mis Lectores

Como una forma de agradecer a mis lectores, tengo un regalo especial. Me gustaría darte acceso a este curso exclusivo, que te ayudará suplementar la información que has recibido de este libro. ¡Estos videos de instrucción te ayudarán a reunir las propiedades de alquiler al precio más bajo posible y te mostrarán la Técnica CPR exacta para encontrar propiedades para alquilar! ¡Haz clic en el enlace de abajo y tendrás acceso instantáneo a mi regalo. Totalmente Gratis!

VISITA ESTA PAGINA WEB PARA RECIBIR TU CURSO GRATIS http://bit.ly/FreeGiftAndTraining

Tabla De Contenido

Por Qué Escribí Este Libro

Soy una mujer de clase trabajadora con antecedentes de clase trabajadora que le encanta volver a su comunidad e invertir en bienes raíces. Pero no siempre fui exitosa invirtiendo en propiedades. Déjame contarte la historia acerca de cómo pasé de ser una ingeniera desempleada casi por perder mi casa a ganar $4,201 mensuales por ingresos de renta con unas pocas propiedades completamente pagadas y que costaron menos de $30,000.

Fui criada pobre pero feliz, eso se oye mucho en la historia de los Estados Unidos. La misma historia de aquellos que no se dieron cuenta d0e su pobreza hasta que asistieron a una escuela chárter en otra parte de la ciudad. ¡Vaya que sorpresa para ambos lados!

Comienzo diciendo esto porque me siento orgullosa de dónde vengo. Amo mis raíces de clase trabajadora. Todos trabajaban y tal vez no ganaban mucho dinero, pero tuvimos todas las necesidades cubiertas y una gran cantidad de niños en el vecindario con quienes jugar. Era divertido, algo tumultuoso, pero tenías esperanza de que lo lograría también. Había una cultura de decir lo que pensabas (lo cual no supe que no era tan común hasta que asistí a una escuela chárter en un nivel socioeconómico mucho más elevado y fue ahí donde entendí que se valora más el NO decir lo que realmente piensas).

No puedo enfatizar lo suficiente mi gran amor por mis raíces de clase trabajadora; amo a la gente de clase trabajadora de todas las variedades. Aquí en los Estados Unidos, millones entienden ese pasado e historia porque refleja la suya. Pero, la vida es una experiencia de aprendizaje para una persona brillante que quiere subir la escalera del éxito, siendo inherentemente diferente a los nuevos amigos que podrían hacer en el camino. ¡Este es un libro sobre el entendimiento de esas diferencias mientras me mantengo firme y orgullosa de mi pasado y cultura (deseando que otros hagan lo mismo)!

Asistí a la Universidad de Nevada, Las Vegas, para ser ingeniera eléctrica. Trabajé duro y estaba orgullosa de lo que pude lograr. No me quedé sentada esperando que todo se me diera. Para mantenerme mientras realizaba mis estudios, hice mucho de lo que yo llamo "side hustle", es decir: trabajos secundarios. Hacía lo que fuera, incluso cosas que eran algo vergonzosas. He trabajado como compradora misteriosa. También vendí cuchillos Cutco mientras tenía un título de ingeniería eléctrica. Tenía tanto miedo de ser insolvente que hacía lo que fuera necesario.

Eventualmente, mi gran esfuerzo y mi título universitario valieron la pena, o eso pensé. Obtuve un buen trabajo en IBM al otro lado del país, lejos de mi familia. Compre una casa linda en Las Vegas durante la cima del mercado inmobiliario. Después, en el 2009, fui despedida, sin culpa alguna. En realidad, me despidieron dos veces, pero no a causa del producto de mi trabajo. Me volvieron a contratar porque era tan buena trabajadora y me especializaba en lo que hacía. Fue sencillamente una recesión de mercado fuera de mi control. Pero esto fue prueba de que puedes ser inteligente y seguir el consejo de otros, puedes tener un título y verte como candidata perfecta en papel y aun así ser despedida. Ese año, 2009, alrededor de 500,000 trabajos *al mes* se perdían en los Estados Unidos. Estaba presentando 20 o más solicitudes de empleo y no conseguí nada. Para empeorar las cosas, el mercado inmobiliario se había derrumbado. Estaba estancada, sin ingresos regulares y con una casa costosa que no podía vender porque valía menos de lo que se le debía.

Terminé con un juicio hipotecario en mi reporte de crédito. Fue humillante, no se supone que esto le pasaría a una mujer inteligente y trabajadora como yo, pero ahí estaba. Quise tomar esa experiencia y sobrevivirla; la vida me dio limones y yo iba a hacer la mejor limonada que jamás hayas probado.

A pesar de tener esta ejecución hipotecaria en mi reporte de crédito, estaba determinada a descifrar cómo podría seguir invirtiendo en bienes raíces y ganar dinero. Así es como me topé con un sistema que me permitiría hacerlo. Tuve que salir de mi dolor, pero lo logré. No fue agradable ser despedida y que mi casa fuera reposeida por el banco, pero doy gracias por las lecciones que aprendí como resultado de esa experiencia. Así como los dolores de parto acaban dándote bebes hermosos y preciosos, mi dolor en estas luchas me ayudó a dar a luz a un método simple de inversión que conduce a un flujo de efectivo inmediato.

Debido a esa experiencia terrible, ahora puedo ayudarte a ti y a cualquier otra persona que quiera ayuda. Al momento de escribir este libro, he ayudado a más de QUINIENTOS, si 500 inversionistas a comprar su primera propiedad de inversión con facilidad, amor y satisfacción. Yo personalmente he entrenado a más de cien almas felices que están ganando dinero y cumpliendo sus sueños. ¡Sí, la inversión en bienes raíces puede ser así de fácil!

Me tomó mucho tiempo determinar los mercados correctos. Cometí muchos errores y aprendí de cada uno de ellos. Ahora sé que tan personalmente satisfactorio es ir a vecindarios de bajos ingresos y de clase trabajadora, como en el que crecí, y ofrecerle a esa gente trabajadora un buen lugar para vivir a un precio razonable. No estoy procurando el aburguesamiento de ningún lugar ni expulsar a las personas que no lo merecen de sus hogares con el fin de subir la renta y ganar más dinero. A lo largo de los años, he aprendido a hacer esto de manera correcta y he pasado los últimos años enseñándole a otras personas cómo lograr el mismo éxito que tengo. Todo lo hago mientras ofrezco un servicio valioso a las familias que necesitan un lugar para vivir.

Este libro describe lo que aprendí sobre cómo salir de deudas, encontrar el capital de inversión para empezar, evaluar los mercados, invertir en propiedades y elegir los inquilinos adecuados.

Me enorgullezco de mi capacidad en alcanzar a las personas donde ellos estan, personal y económicamente. Me aseguro de que la gente sepa qué tipo de sacrificios van a tener que hacer para comenzar el proceso. Paso mucho tiempo hablando con las personas para determinar qué es lo que realmente quieren (lo cual es diferente de lo que creen que deberían tener para conformarse) y luego, les ayudó a construir el portafolio de inversión de sus sueños.

No importa que tan desesperada o desamparada la gente se pueda sentir, hay esperanza y hay ayuda. Puedes ir de donde estás a dónde quieres llegar si tienes la información y la orientación correcta. Tienes opciones. Puedes escoger tu camino en vez de tropezar en el que te encuentras actualmente.

He ayudado a miles de personas a crear el mundo en el que quieren vivir (más de 565 directamente como clientes de mi capacitación). Los tomó de la mano y los guío a sus destinos ideales. La información en este libro es el primer paso de ese viaje.

¿Para Quién es Este Libro?

Déjame comenzar diciéndoles para quién *no* es este libro. Este libro no es para esas personas que pueden llamar a sus padres y obtener un préstamo de $80,000 solamente con pedirlo. Esto no es para personas que pueden sencillamente escribir un cheque y hacer que las cosas sucedan. Este libro es para personas comunes y ordinarias que desean saber cómo pueden lograr seguridad financiera a través de inversiones en bienes raíces.

Hazte a ti mismo estas preguntas:

- ¿Eres un inversionista nuevo?

- ¿Luchas por averiguar cómo obtener propiedades de inversión (para alquilar) a bajo precio?

- ¿Estás frustrado por lo difícil que es determinar si la propiedad de alquiler que quieres comprar es una buena inversión?

- ¿Estás cansado de comprar herramientas y productos que no se adaptan a tus necesidades ni a tu situación específica?

- ¿Quieres construir un negocio escalable de bienes raíces que esté automatizado, genere dinero y te permita vivir una vida de libertad financiera?

- ¿Las únicas propiedades que ves cuestan $200,000 o más?

- ¿Ya eres un inversionista, pero no estás recibiendo un buen flujo de efectivo de tus propiedades?

- ¿Las únicas casas disponibles que ves no están localizadas cerca de ti? ¿Tienes que invertir fuera del estado, pero no tienes idea dónde empezar?

- ¿Estás interesado en adquirir una inversión estable de alquiler a largo plazo?

Si respondiste "sí" a cualquiera de estas preguntas, *este libro es para ti.* Hablaré acerca de mi sistema simple, paso a paso, para ganar al menos $1,000 a $2,000 mensual por cada propiedad de por vida, con propiedades que solo cuestan entre $30,000 a $50,000. Puedes lograr esto en un corto tiempo, de 8 a 12 semanas fácilmente y sin esfuerzo. Solamente es cuestión de ver cuál es el mercado correcto para ti, tu presupuesto y en dónde estás localizado actualmente.

Este es el tipo de inversión en propiedades que ayuda con casas a precios accesibles. Te puede dar una base de inquilinos a largo plazo; no sería inusual tener el mismo inquilino por veinte años o más. Estamos ganando dinero y ellos se benefician de un lugar decente donde vivir. Esta es una estrategia de inversión que puede rendir crecimiento y estabilidad a largo plazo para familias que lo merecen. Este tipo de vivienda es el último recurso para muchas personas.

Y si podemos ser socialmente responsables con lo que estamos haciendo. Pero necesito que estés a bordo con este concepto antes de que te adentres más en este libro. Los programas de televisión muestran casas embellecidas para la reventa, pero cuando estás haciendo cualquier cosa menos las renovaciones que preparan estas casas para una familia modesta, eres parte del apretón que todos sienten en todos los niveles, especialmente la gente de clase trabajadora.

Este libro no es para las personas que están interesadas en la compra de casas para remodelación y reventa ni para inversionistas interesados en promover el aburguesamiento y desplazamiento en los vecindarios. Este libro es para gente que está interesada en ganar dinero de una manera que beneficie también a las personas que son la base de nuestras comunidades, la gente trabajadora que hacen los trabajos difíciles y solo quieren un lugar digno y seguro donde vivir para que sus hijos crezcan y jueguen. Este libro es para personas que no pueden ir al Banco de Mamá y Papá y obtener un préstamo de $50,000-$80,000 para el pago inicial de una casa de $250,000-$400,000.

Este libro es para personas como tú y yo.

Introducción

Soy una gran defensora de las inversiones en vecindarios que por lo general son ignorados y olvidados. Eso no significa que no existan, pero todos sabemos que algunos miembros de la sociedad son aislados completamente. Eso termina hoy.

Escribí esta introducción para la versión en español del libro porque, al igual que trabajó con profesionales afroamericanos para invertir en vecindarios afroamericanos, también he trabajado con inversionistas hispanos que invirtieron en vecindarios hispanos. Mis clientes latinoamericanos vienen de México, la República Dominicana, Puerto Rico, etc. Ellos entendieron de manera instintiva lo que estaban buscando.

"Entiendo a las personas y la cultura, así que sé cómo navegarlo."

"Hay un montón de vecindarios con comunidades hispanas y excelentes propiedades en ellas, y me siento cómodo invirtiendo allí."

Sencillamente, ¡nadie conoce tu cultura y comunidad mejor que tú!

Quería tomarme el tiempo para mencionar algunas cosas:

Habrá matices y diferencias cuando tú inviertes y cuando yo invierto. Por ejemplo, es posible que tengas más compradores en efectivo solo porque no tienen una cuenta corriente. Tal vez el estatus migratorio sea un obstáculo y tienes que usar un número de ITIN (número de identificación del contribuyente) en lugar de un número de seguro social. Con respecto al dinero, puede que haya una inclinación cultural diferente que es específica a tu comunidad.

Mi consejo en este grupo es 100% sólido. Pero siempre siéntete libre de seguir tus instintos. Si estás tratando con una comunidad que tiene una forma diferente de manejar dinero y propiedades de alquiler, considera tu conocimiento personal: es tu superpoder para manejar las inversiones inmobiliarias y hará que lo hagas mejor que cualquier otra persona, esa es tu ventaja. No permitas que las reglas estrictas a la medida te obliguen a tratar a las personas culturalmente como un grupo, cuando realmente sienten, actúan y piensan como otro. Ese es el consejo que no te dan, cómo ser ágil y flexible.

Honestamente, si eres hispano e inviertes en vecindarios hispanos en los Estados Unidos, tendrás que saber navegar legalmente si alguien es indocumentado o no. La administración actual que ingresó en 2019 no es la que prefería, y se han realizado esfuerzos negativos contra los trabajadores indocumentados. Hay un cambio demográfico en este país, al momento que lees esto y por primera vez, hay más niños de minorías que niños blancos americanos en este país. Eso ha asustado a muchas personas que están acostumbradas a asumir y sostener todo el poder. Políticamente, estarás navegando por eso, y espero que sea para mejor. Algunos de ustedes ya lo saben y saben cómo trabajar con su comunidad cuando sucede, pero quiero que todos estén protegidos y sepan a qué se enfrentan.

También ten en cuenta que las leyes de vivienda a nivel estatal pueden variar, específicamente en cuanto a aquellos que pueden ser "trabajadores indocumentados". En Oklahoma, por ejemplo, el arrendador puede recibir una multa si alquila la propiedad a alguien indocumentado. En California y Nueva York, es ilegal solicitar información fuera de la aplicación básica relacionada con la ciudadanía. Independientemente de cómo elijas manejar esto, asegúrate de conocer las leyes y cómo protegerte y proteger a tus inquilinos y tus inversiones al agilizar el proceso.

Al final y al cabo, es tu inversión. Usa mis parámetros, pero no te limites si instintivamente sabes que un método puede funcionar mejor con un grupo que con otro.

Por último, una vez que hayas descubierto la riqueza por ti mismo, cómo un propietario ético y rentable, no olvides contribuir a la comunidad enseñándole a otros cómo ellos TAMBIÉN pueden construir su riqueza sobre las inversiones inmobiliarias.

Para vivir una vida auténtica y libre,
Lisa Phillips

CAPÍTULO 1

¿Por qué Invertir en el Mercado Sub 30-$50K?

Pasé mucho tiempo hablando con personas que quieren invertir en bienes raíces, pero se sienten temerosos por los altos precios asociados con la compra de casas. Después de todo, la mayoría de nosotros no tenemos cientos de miles ni siquiera decenas de miles tirados por ahí con los que podríamos comprar una casa.

Probablemente has oído el viejo refrán: se necesita dinero para hacer dinero. Es verdad hasta cierto punto, pero no se necesita tanto como creerías. Te contaré un pequeño secreto, no necesitas gastar $100.000 o más en una casa si sabes qué debes buscar.

Yo hablo sobre inversiones en bienes raíces *todos los días.* He cometido errores y he visto a otros cometerlos. He entrenado a personas a través esos errores y aprendí mucho en el proceso. Ese tipo de inmersión constante me ha permitido mejorar en mi oficio, tal como tú lo harás si sigues mi sistema.

Las primeras tres casas que compré costaron $13,000; $25,000 y $35,000, respectivamente. Luego compré una cuarta por $11,000. Pude ganar un *flujo de efectivo positivo* de $1,900 por mes en las primeras tres casas de alquiler, lo cual me dio bastante dinero para hacer las renovaciones necesarias en la cuarta casa sin tener que poner de mi bolsillo. La independencia financiera que me ha traído esta estrategia de inversión en bienes raíces no solamente es alcanzable, sino que literalmente puede ser el camino más fácil a un ingreso mensual constante.

Estas casas no se encuentran en comunidades cerradas. Se encuentran en vecindarios de clase trabajadora. Esto no significa que no pueden ser casas decentes en vecindarios decentes. No soy una casera de barrio. He descubierto cómo usar la información que está disponible libremente en internet para ver y analizar estos vecindarios. El "Street View" de Google Maps es un excelente recurso para ver lo que podrías comprar sin tener que levantarte de tu silla. Hablaremos más sobre eso después, pero da mucho de qué hablar con solo ver el patio delantero de una casa.

Este es el regalo que te estoy dando. Después de que termine contigo, tendrás las aptitudes para *TRIUNFAR* en esta industria, comprando casas que todos los demás ignoran a precios accesibles.

Después de leer este libro, tendrás una idea general de cómo funciona la estrategia. Luego podrás decidir si quieres sumergirte más profundo en los recursos a los que haré referencia al final. Puedes ver por ti mismo lo fácil que será entrar y construir un negocio de bienes raíces a tu manera.

Esto me recuerda la historia de una señora llamada Isabel que vivía en Nueva Jersey. Isabel había ahorrado $100,000. (Recuerda que NO necesitas $100,000 para empezar. Trabajo con personas que tienen tan poco como $10,000 a $15 mil ahorrados para empezar su portafolio, esto es solo para demostrar que incluso si los ahorros de tu vida son significativos, aún puedes recibir consejos terribles.) Isabel fue con una compañía de inversiones inmobiliarias en Nueva York, donde le dijeron que la "mejor" estrategia era invertir sus 100 mil dólares completos (ahorros de toda la vida) en un condominio en la Ciudad de Nueva York, donde lograría un neto de $300 al mes después de gastos. Ella pensó que eso no tenía sentido y les pregunto por qué haría eso. La miraron con cara seria y le dijeron: "¡Porque va a aumentar en valor!".

Y es por ESO que escribí este libro. Déjame explicar, eso no fue necesariamente un mal consejo. Para alguien que tiene $500,000 en la bolsa de valores, entonces sí pueden poner esos 100 mil en un condominio (que es viejo, requiere mantenimiento y tiene demasiadas leyes que favorecen a los inquilinos) y en 10-20 años ¡Sí! Aumentará en valor.

Sin embargo, para la persona promedio que no tiene medio millón de dólares en la bolsa de valores, eso no es una buena idea para nada. Pero ellos no iban a decirle eso a Isabel porque están acostumbrados a individuos adinerados. Ellos trabajan con personas que tienen de uno a cinco millones de dólares. Iban a tomar su dinero y a dejarla en una posición muy vulnerable por $300 al mes.

Isabel me llamó un par de meses atrás para darme las gracias. Después de trabajar juntas, ella compró dos propiedades por $35,000 cada una en una ciudad en Nueva Jersey que todos pensaban era horrible. Ella tiene ingresos de $2,200 al mes, su esposo ahora quiere comprar otra y piensa que Isabel es la mujer más inteligente del mundo. ESA es la mejor estrategia para alguien que tiene poco dinero.

La razón por la que cuento esta historia es para que entiendas que el mensajero importa. Si la única ruta para la inversión en bienes raíces y el ingreso pasivo es con medio millón de dólares, su consejo es inapropiado si es que ganas solo 70 mil al año. Si su consejo depende de que los clientes les pidan a sus padres un préstamo de $80,000 y, eso no está en tu futuro, entonces su asesoramiento no es para ti.

El mensajero importa y si la persona que invierte en bienes raíces tiene que hacerlo por sus medios, sin préstamos y solo contando con ellos mismos, su asesoramiento, estrategias y métodos serán hechos para esa realidad. Así es como el 99% invierte exitosamente. Asegúrate de aprender de personas que puedan relacionarse contigo y que entiendan de dónde vienes financieramente y tus recursos.

CAPÍTULO 2

Usando la Técnica CFR

La *Técnica CPR* es como llamo al método que he creado para ser exitoso en el negocio de bienes raíces. Los veremos a profundidad en el Capítulo 4, **"Cómo Funciona la Técnica CPR"**, pero por ahora necesito explicar cómo todos los consejos de inversión inmobiliario que has recibido durante años han sido demasiado complicados y no le han servido a nadie más que a los ricos.

Mis estrategias funcionan en cualquier lugar y en todas partes. No solo donde yo vivo que es el área de Washington D.C, pero donde tu vives también y no solo en los Estados Unidos. Usando el poder del internet, puedes aplicar esta técnica en Canadá, Francia o el Reino Unido. Donde hay gente, hay casas, y donde hay casas, hay gente que necesita vivir en ellas. He ayudado a más de 200 inversionistas a hacer esto en los Estados Unidos (la mayoría han sido en Nueva York, D.C., Atlanta, Florida, Tejas y California). Este plano sistemático demuestra cómo encontrar y analizar los Vecindarios de Clase Trabajadora (VCTs) y propiedades de alquiler usando el poder del internet. Puedes usar esta técnica GRATIS.

Lo bueno de esto es que puede ser rentable desde el comienzo. No todas las propiedades son rentables, ni siquiera todas las propiedades en el rango de precios rebajados. Esta técnica está diseñada para diferenciar a los rentables de los que son una pérdida de dinero.

Por supuesto, es tu decisión. No tienes que usar lo que aprendas de este libro. Sin embargo, si no lo usas corres el riesgo de desperdiciar tu tiempo y dinero. Se inteligente, se eficiente y aumenta tu flujo de efectivo. ¿No es eso lo que preferirías hacer?

Personalmente, la Técnica CPR ha funcionado para mí en Ohio, Maryland y Virginia. Es la misma técnica donde quiera que vaya. También ha funcionado para mis clientes por toda Norte América. Es un método. Es sistemático. No olvides que tengo un título en ingeniería y entiendo las matemáticas, las fórmulas y sé cómo balancear ecuaciones de la manera que quiero. No temas, no tienes que ser un ingeniero para entender este método. No necesitas saber más de lo que ya sabes sobre la ingeniería utilizada en el diseño de smartphones. Solo necesitas confiar en que el ingeniero diseñó el sistema operativo del teléfono de manera correcta. Luego lo puedes usar de la forma que quieras. Igualmente, puedes confiar que he diseñado este sistema de inversión en bienes raíces de la manera correcta y todo lo que tienes que hacer es ¡usarlo!

Por ejemplo, trabajé con un equipo de hermano y hermana, Kim y Chuck[1], que querían entrar en inversiones inmobiliarias. Usaron mi técnica para comprar una casa multifamiliar (un triplex) en Washington D.C. por $75,000. Si sabes algo de Washington D.C., sabrás que el precio medio de una casa allá es

---

[1] Los nombres y otros detalles personales aquí y en el resto del libro han sido cambiados para mantener la privacidad de mis clientes. Algunas historias son compilaciones, pero todas están basadas en experiencias de clientes reales. No te puedo prometer que tu experiencia será exactamente como la de ellos, pero puedo decir que no la he visto fallar todavía si sigues estos pasos.

de $500,000[2]. Ellos pudieron obtener $1,200 por una unidad y $1,230 por la otra ¡Esa es una entrada de $2,430 al mes! Estas son personas reales que rápidamente se encontraron con un flujo de efectivo que podían usar.

Al momento que termines de leer este libro, deberías poder buscar, analizar y comprar propiedades de bienes raíces excepcionales, a precios bajísimos. También te mostraré cómo lograr la administración de propiedades sin preocupaciones. Tuve un cliente, Mike, que quería invertir en propiedades pero que reconocía que su tiempo era dinero. Él no quería tener que ir a la propiedad cada vez que se dañaba un bombillo o una luz piloto. Le enseñé cómo utilizar mis técnicas de administración sin preocupaciones y emparejarlas con un alto flujo de ingresos. Todo esto dentro de un radio cercano a donde él vivía, usando herramientas gratis en línea y el plan de acción que le di.

El truco para todo esto es el *apalancamiento* (leverage). El apalancamiento puede significar algunas cosas diferentes, todas las cuales puedes usar para tu ventaja. Económicamente, significa usar dinero prestado para aumentar tus ingresos finales. También puede significar ejercer influencia en una situación, persona o evento para lograr el fin que tu deseas. El famoso inversionista Robert Kiyosaki dijo: *"El apalancamiento es la razón por cual algunas personas se vuelven ricas y otras no."* La clave para vencer a todos en este juego es aprovechar metódica y sistemáticamente en recursos GRATUITOS. Mi capacitación en ingeniería eléctrica definitivamente ha entrado en juego en la creación de estos números sólidos.

Suena complicado, pero no lo es. Estos son consejos completamente prácticos extraídos de mi experiencia y conocimiento de

---

[2] https://www.zillow.com/washington-dc/home-values/

cómo operan los vecindarios de clase trabajadora. Viene de mi experiencia viviendo en estos vecindarios e invirtiendo en ellos. No hay necesidad de pagarle a compañías como RealtyTrac o RentFax para que hagan el análisis por ti.

¿POR QUÉ DEBES ESCUCHARME?

Hay muchas personas allá afuera que te darán consejos sobre cómo invertir en bienes raíces. ¿Por qué deberías creerme a mí en vez de a alguien más? Bueno, déjame decirte de dónde vengo y cómo llegué a donde estoy ahora. Verás que esto no es sólo teoría o algo que aprendí en un libro. Lo viví yo misma y ahora dirijo con ejemplo.

No nací con riqueza, me gané cada centavo de lo que tengo. Creo que tengo el deber de ayudar a la mayor cantidad de personas posible a llegar a donde yo he llegado. *"A quien se le dio mucho, se le reclamará mucho; y a quien se confió mucho, se le pedirá más"[3]*. Sé que me han dado mucho, así es como devuelvo ese regalo.

He ayudado a cientos de personas directamente y todavía lo hago todos los días, cambiando vidas. Es muy significativo cuando alguien me contacta para agradecerme por haberle ayudado a alcanzar sus sueños. Ellos no creían que fuera posible, pero les di el sistema para hacerlo realidad.

Cuando era joven, me dijeron la misma cosa que le dijeron a la mayoría de la gente: que el camino al éxito era una línea recta desde la escuela a un buen trabajo, por parte de mi madre y de un padre sureño que siempre promovió que no necesitabas educación escolar pero que podrías unirte al ejército, ser mecánico o

---

[3] Lucas 12:48

plomero. Ambos métodos realmente promueven trabajar para otros negocios en lugar de crear el tuyo propio. Estudia mucho, trabaja duro, juega el juego tradicional y tendrás éxito. Así que, eso es lo que hice (recuerda, me enseñaron que todos los caminos llevaban a obtener un "buen trabajo"). Me gradué de la universidad con un título en ingeniería eléctrica. Ese título me llevo al trabajo que pensé que quería en IBM. Me mudé al otro lado del país para ese trabajo y con la promesa de un cheque de pago estable de una compañía de primera línea, compré una casa extremadamente cara en Las Vegas. Por supuesto, eso no es lo que *pensé* que estaba haciendo, pero fue lo que pasó porque realmente no sabía lo que estaba haciendo. Funcionó bien por un tiempo.

Estaba orgullosa de mí misma. Me puse una meta - conseguir una buena educación y un buen trabajo con una casa bonita en un buen vecindario y lo había logrado. Pensé que lo había logrado. Hice lo que mis padres y maestros me dijeron que hiciera. Asumí que estaba establecida de por vida.

Pero, por supuesto no lo estaba.

Como sucede a menudo, ocurrió lo inesperado. La economía tuvo una fuerte caída y me despidieron no una vez, sino dos veces. No hice nada malo para que me despidieran, fue simplemente una reducción de personal debido a limitaciones económicas. Como no tenía antigüedad en IBM fui la primera que despidieron. Después me volvieron a contratar y me despidieron de nuevo. Si viviste el 2009, probablemente recuerdas cuantos trabajos se perdieron en ese tiempo.

Finalmente me di cuenta de que no podía pagar mi hipoteca. Estaba enfrentando la máxima humillación, un juicio hipotecario. La casa por la que trabajé tanto iba a ser reposeída por el banco.

Siguiendo el camino prescrito, siendo la "niña buena" y siguiendo todas las reglas tradicionales claramente no iba a funcionar para mí. Tuve que salir del camino en el que estaba y empezar a pensar creativamente si iba cambiar esta situación. Así que, por primera vez en mi vida, hice exactamente lo contrario de lo que los supuestos "expertos" me decían que hiciera y de lo que cualquiera hubiera esperado que hiciera: compre una casa. Si, cuando mis finanzas estaban mal, no tenía dinero ni posibilidades, *compré* una casa.

Era un *condominio* para ser exacto. En vez de gastar cientos de miles como lo hice en mi casa de Las Vegas, gasté $35,000 en un departamento en un vecindario de clase trabajadora en Ohio. Por ese precio, esperarías que la casa se estuviera derrumbando y que estuviera en un vecindario plagado de crímenes, pero ese no fue el caso. Era un vecindario decente. La casa no era lujosa, pero era agradable. Eventualmente encontré un trabajo en Washington D.C. y la casa fue fácil de alquilar cuando me mudé. El ingreso de alquiler me permitió tener un pequeño flujo de efectivo mensual.

Estaba inspirada. Con solo un poco de investigación y atrevimiento, encontré una propiedad que evitó que me quedara sin hogar y sin trabajo, hambrienta y quebrada. Me di cuenta en un nivel fundamental y visceral, que si invertía en bienes raíces podía vivir bien y ganar dinero sin tener un trabajo tradicional. Vi de primera mano, lo fácil y accesible que era comprar propiedades de bajo costo.

¡Estaba enganchada!

Viví de esta manera durante unos seis meses. Desarrollé y usé la Técnica CPR que describiré en detalle más adelante. Y mira, logré repetir este éxito en el área de Washington D.C., en Baltimore, Maryland y Richmond, Virginia ¡En mis fines de semana! Esto se podría hacer en todas partes. Pude encontrar propiedades en vecindarios maravillosos y seguros, llenos de gente buena y trabajadora de clase media. No tenía que proveer viviendas a trabajadores de clase alta con salarios anuales. Ellos podían hacerlo por sí mismos. En cambio, yo podría ayudar a la clase trabajadora que necesitaba ayuda.

Tenía mi visión puesta en esto. Sabía lo que quería hacer y cómo hacerlo. Quería mostrarles a otros el sistema que había aprendido. Empecé un canal de YouTube. Al principio, solo unas cuantas personas veían mis videos. Lento pero seguro, llegaron más espectadores. Pronto fui contactada por alguien que se ofreció a pagarme para trabajar con ella y enseñarle los detalles de mi sistema. Ella dijo que no conocía a nadie más que usara mi estrategia de inversión al que le pudiera pedir ayuda, pero sabía que esta era la manera en la que ella podía empezar sus inversiones en bienes raíces.

Acepté su oferta y trabajamos juntas para crear un plan. Fue divertido y emocionante, y reveló que este sistema podía funcionar donde sea y para quien sea. ¿Adivina qué? No debería sorprenderte que funcionó para ella. En total, ella gasto $63,000 por una casa multifamiliar doble (dúplex) y las renovaciones que necesitaba, y ahora ella recibe $1,400 al mes por el alquiler.

La moraleja de esta historia es esta: Si yo lo puedo hacer y si todos mis clientes pueden hacerlo *¡Tú también puedes!*

MUCHAS VIDAS HAN CAMBIADO Y ESTAMOS BENDECIDOS POR ESO.

Mi cliente, Darlene N., vio mis videos y participó en algunas de mis llamadas grupales. Ella aprendió no solo de mí, sino de otras personas en las llamadas y en mi grupo exclusivo de Facebook. Pronto compró su primera propiedad, una casa de dos dormitorios con dos baños y medio en el área de Orlando, Florida por $25,000. Solo necesitó $5,000 para reparaciones. ¡Una inversión total de $30,000 ahora le da a ella $800 mensual en ingresos por alquiler!

Darlene tenía miedo al principio. Orlando era un mercado caliente en el momento en que ella estaba invirtiendo y estaba compitiendo con inversionistas de todo el estado y el país. Esto creó algunos desafíos adicionales, pero no fue imposible. Ella persistió y encontró la propiedad perfecta para invertir.

Si Darlene puede hacerlo ¡Tú también puedes!

Para conocer a Darlene, asegúrate de unirte a mi grupo de Facebook Sub30k Mastermind Group (¡Es gratis!)

Facebook.com/groups/Sub30kMastermindGroup

CAPÍTULO 3

Cómo Gano $975 al Mes de una Casa de $13,000

Los cinco pasos que debes seguir para encontrar propiedades lucrativas, pero accesibles para rentar son:

1. Encontrar el mercado correcto

2. Encontrar el precio adecuado

3. Encontrar el equipo adecuado para trabajar

4. Tener los inquilinos correctos

5. Invertir en ti mismo a través de un buen mentor

Cada uno de estos pasos es crucial, si falta algún paso, no estás siguiendo el sistema. Vamos a hablar de cada uno de ellos a continuación.

Paso Uno: Encuentra el Mercado Correcto

No hay solo un mercado correcto. Existen por todo el país y por todo el mundo. El mercado correcto es un nicho de mercado altamente deseado que está lleno de casas de alta calidad que necesitan poca renovación. Además, lo que para uno es el mercado correcto, puede que no lo sea para otro. Gran parte de cómo construyes tu portafolio de propiedades debe ser personal y no solo reproducir asesoramiento maquinalmente.

Por supuesto, parte de entender cuál es el mercado correcto es entender cuál es el mercado *incorrecto*.

El mercado incorrecto se encuentra en ciudades caras como Nueva York, San Francisco y Austin. Los mercados que son especialmente amigables con los inquilinos también son difíciles. Por ejemplo, ciudades como Nueva York donde el control de alquiler y la existencia de leyes que evitan el desalojo de inquilinos que no pagan su renta a tiempo crean inquilinos "profesionales" de los cuales es difícil deshacerse.

Otras cosas que debes buscar para determinar si estás viendo el mercado "incorrecto" son:

- Los trabajos están abandonando el área
- Propiedades baratas, pero solo en vecindarios con altos índices de criminalidad
- Rentas extremadamente bajas
- Áreas con casas que se encuentran en muy mal estado

Si estas condiciones existen, estas en el mercado incorrecto, con el inventario y la selección incorrectos. La ganancia será muy baja y no podrás obtener el flujo de efectivo requerido para lograr la independencia financiera que deseas. Remodelaciones hogareñas costosas significan que los costos son muy elevados para que la propiedad sea efectiva como inversión. Igualmente, el ingreso generado será muy bajo para ofrecer algún tipo de libertad financiera. Crimen en el vecindario, o el tipo de crimen incorrecto del cual hablaremos después, alejará a inquilinos estables de largo plazo. Recuerda, queremos tener 20-30 años de ingresos estables, no es difícil, pero debes saber cómo discernir.

Así que, ahora que sabemos cuál es el mercado incorrecto, ¿Qué cosas tienes que buscar para saber cuál es el mercado correcto?

En el mercado correcto, encontrarás muchísimo inventario con el que fácilmente podrás construir tu portafolio. No será excesivamente competitivo. La competencia, después de todo, sube los precios y estamos buscando comprar barato. Entre más oferta haya, habrá menos demanda y menos competencia de ofertas por la misma propiedad. En el mercado correcto, las rentas son relativamente altas en comparación con el precio de la propiedad. Los vecindarios son seguros con bajos índices de criminalidad. Estos vecindarios están llenos de gente normal que trabaja duro para pagar sus cuentas a tiempo todos los meses. Estas propiedades pueden durar años sin tener problemas y si los inquilinos se quedan para criar sus hijos, puedes tener más de 30 años con un inquilino estable de largo plazo. Ingresos pasivos funcionando como un reloj por un largo tiempo.

Cuando encuentras estas casas en el mercado correcto, puedes obtener un precio accesible para empezar a invertir en el mercado de bienes raíces. Con costos así de bajos, es relativamente fácil obtener los fondos y financiamiento. Son fáciles de lanzar y escalar.

Hay, literalmente, *miles* de estos mercados para probar, pero solo necesitas encontrar uno. Te garantizo que hay uno cerca de donde estás actualmente si sabes cómo buscar.

Recuerda, debe ser el mercado adecuado para TÍ, con énfasis en T-Í. Algunas personas se sienten más confortables en áreas urbanas, algunas personas se sienten cómodas en áreas rurales. No hay correcto o incorrecto, solo está tu zona de comodidad.

Que tan lejos estás dispuesto a viajar es otro problema. Si necesitas viajar fuera del estado ¿Puedes manejar a donde necesitas ir? ¿Qué tan caros son los boletos de avión? ¿Existe un mercado similar al que sea más barato volar? ¿Tienes amigos o familiares en el área que te permitan quedarte con ellos cuando vayas? O ¿Pagarás los gastos de hotel? Si pagas por viajes y hoteles, ¿Cuánto cuesta ir a un lugar en comparación con otro? Hay mucho que considerar además de la propiedad en sí. Deberías listar todos estos factores lado a lado y asegurarte de incluirlos en tus cálculos.

Paso Dos: El Precio Adecuado

Los precios de bienes raíces pueden variar en diferentes partes del país. Áreas urbanas tienden a ser más caras que las áreas rurales y las ciudades en crecimiento tienden a ser más caras que las ciudades en decadencia. Entonces, ¿Cómo sabes si la propiedad que estás mirando tiene el precio adecuado?

Sabrás que el precio es inadecuado si descubres que tu flujo de efectivo estimado será menos de $200 al mes. Puede que te digan que "va a aumentar su valor" como razón para el alto precio, esa es una señal roja también. Otras señales de que no estás viendo una casa al precio adecuado son:

- Toma veinticinco años o más para tener un flujo de efectivo de $800 - $2,200

- La relación o ratio deuda-ingreso es muy alta[4]

- No podrás manejar los costos asociados con la casa durante los períodos de vacancia.

- La rentabilidad financiera es muy baja

- Para comprar la casa, debes aprovechar excesivamente tus otros activos, lo que limita tu habilidad para financiar futuros esfuerzos

- No tienes mucho margen de maniobra para manejar los gastos inesperados que comúnmente ocurren

- El ingreso generado por la propiedad es demasiado bajo

- Tomará mucho tiempo recuperar el costo de tu inversión

Entonces, ahora que sabemos cómo reconocer el precio *inadecuado,* ¿Cómo podemos reconocer el precio *adecuado*?

El precio adecuado es el que te permite fácilmente cubrir los costos y gastos de la casa en caso de una vacancia temporal (hipoteca, limpieza, electricidad). Aún obtendrás beneficios fiscales significativos, y el tiempo para pagar completamente la hipoteca y quedarte con toda la renta, es de solo tres a cinco años

Las razones del porqué ésta es la fórmula para el "precio adecuado" es que te permite obtener un flujo de efectivo que crece rápido a través del tiempo. Puedes construir un gran portafolio rápidamente de una manera que es fácil de adquirir y financiar. No te sobre–apalancarás. De esta manera puedes garantizarte

---

[4] La relación o ratio deuda-ingreso es un indicador de finanzas que es el resultado de la cantidad deuda versus el monto de ingresos. Es calculado como una fracción o porcentaje, y ese número es el que usan los bancos para decidir si te prestan dinero o no. Generalmente deberías mantenerlo en menos de 1/3 o 33%.

seguridad. ¿No es eso lo que quieres para ti? Sé que eso es lo que yo quiero.

Tuve un cliente al que solo le gustaban los vecindarios de clase trabajadora polacos, del tipo en el que ella creció. Y eso está BIEN.

Ese vecindario tenía casas que eran más caras, de $55 000 a $70,000 y un flujo de efectivo ligeramente más bajo, pero ella estaba feliz haciendo eso y aún era más barato que lo que el asesoramiento convencional sugería. Está bien si SUB-30K realmente significa $60,000 para ti, porque ese es tu nivel de confort. Así que, sigue TUS instintos y haz lo que se sienta bien para ti, y no siempre persigas los dólares baratos si no te sientes cómodo. Eres tú quien tiene que vivir con eso, no la persona que te asesoró y NO siempre se trata del dinero. Siempre hay una línea muy fina para discernir qué tan económica es una inversión en comparación a como imaginamos que el portafolio de inversión será.

Paso Tres: El Equipo Adecuado

Antes de elegir un mercado, SIEMPRE verifica que es el mercado correcto ¡Con el EQUIPO correcto! Y debes haber verificado esto antes de COMPRAR tu primera inversión. Te mostraré lo que quiero decir en el capítulo 9 "Invirtiendo Fuera del Estado".

Yo NO soy una casera, soy dueña de un portafolio de propiedades de alquiler que ha elegido la inversión correcta y la infraestructura adecuada para recibir ingresos pasivos y lograr libertad financiera. Yo NO soy una casera. Solamente tomó llamadas de quienes administran mis de propiedades, no de los inquilinos. No llamo a los contratistas por reparaciones, ese no es mi trabajo, mi equipo se encarga de eso. Entonces, si quieres verdadera libertad financiera, encontrando un mercado que ya tiene el equipo correcto es crítico para crear un negocio y no otro trabajo.

Como la mayoría de las cosas, no podrás hacer esto completamente por tu cuenta. Necesitarás formar un equipo que te ayude en algunos de los pasos de este proceso. Puedes necesitar un agente de bienes raíces, un electricista, un contratista, un pintor, un jardinero, un banquero, un inspector de propiedades y cualquier número de profesionales adicionales. Algunos de estos negocios serán muy buenos y otros solo tomarán tu dinero y harán un trabajo deficiente. Otros puede que hagan las cosas de tan mal manera que te costará más dinero al final. Por eso es tan importante formar el equipo adecuado.

El equipo inadecuado no tendrá referencias. No hay nada malo en encontrar a alguien en una guía telefónica o a través de una búsqueda en Google, siempre y cuando tenga referencias independientes.

Las referencias (las reseñas en línea son TAN válidas como ver fotos en el teléfono del contratista) te dirán que tan confiable o competente es esa persona ¿Se perdieron las herramientas, electrodomésticos u otro equipo? ¿Golpearon las paredes o rasparon el piso durante el proceso? ¿Aparecieron cuando se suponía que debían hacerlo y terminaron el trabajo cuando dijeron que lo harían? ¿Hubo costos ocultos? Hay tantas preguntas específicas que debes hacer. Por eso siempre debes pedir referencias y hablar con ellas, no es suficiente recibir una referencia por escrito. Podría ser su familia o amigos quienes la escribieron.

El equipo incorrecto no te dará los resultados que quieres. Tú sabes a qué me refiero con esto ¿Cuántas veces en tu vida has intentado explicarle algo a alguien y ellos solo te miran con una mirada perdida? O tal vez sonríen y asienten con la cabeza y luego hablan como si no hubieran oído una palabra de lo que dijiste. Se siente muy bien cuando alguien te entiende. Vale la pena esperar por eso.

Aunque me encanta una buena oferta, a través de los años he aprendido que recibes lo que pagas, especialmente cuando se trata de tu equipo. Ten cuidado con los proveedores súper baratos que consigues en "craigslist" o páginas web similares. Puede que sea un buen contratista que apenas está comenzando o uno que esté buscando trabajo extra, pero es más probable que sea alguien que no puede encontrar clientes de ninguna otra manera.

Si tienes el equipo incorrecto, corres el riesgo de perder dinero durante la renovación ya que los costos aumentarán rápidamente. Tienes que saber en primer lugar si las personas que contratas van a terminar el trabajo bien, con integridad, y con el cuidado y conciencia debido, ya que su reputación está en riesgo.

El tiempo realmente es dinero. Si la persona que contratas se tarda seis semanas para hacer un trabajo de dos semanas, entonces estás perdiendo cuatro semanas de renta. Con un negocio de alquiler necesitas una respuesta rápida. Perder uno o dos meses de renta innecesariamente puede ser la diferencia entre ser lucrativo y perder dinero en el corto plazo.

Las inversiones en bienes raíces realmente son un juego de ubicación. Necesitas un equipo que esté familiarizado con el mercado en el que estás invirtiendo. Por ejemplo, no se pone encimeras de granito o plomería de cobre en una casa de $25,000 en un vecindario de clase trabajadora. Nadie que viva en esos vecindarios necesita, quiere o espera revestimientos de madera elegantes o gabinetes lujosos. Por eso necesitas información específica de la ubicación para asegurarte de que la propiedad se ajuste a la estética y las expectativas del vecindario en el que estás invirtiendo.

El equipo adecuado es confiable, experimentado y tiene varios contactos que puedes usar para agrandarlo. Están familiarizados no sólo con el mercado en sí, sino también contigo. Se toman el tiempo de conocerte, entender tus necesidades y lo que realmente quieres. También es importante que entiendan las leyes que gobiernan tu alquiler en esa ubicación. ¿No sería terrible que un agente te venda una casa que no está zonificada para el tipo de alquiler que quieres hacer? O ¿Que un electricista haga un trabajo que no cumple con los códigos y especificaciones del área?

El punto de este tipo de inversión son los *ingresos pasivos*. Eso significa que una vez que la propiedad está establecida, no tienes que hacer mucho más que ser dueño, tu equipo se encarga de los detalles del día a día. Esto solo puede suceder con un equipo confiable. Cuando sabes que lo harán bien por ti, puedes descansar tranquila y pacíficamente, sabiendo que tu inversión está trabajando para ti y no en contra tuya.

Puedes aprender mucho de las personas correctas. Un buen agente de bienes raíces puede enseñarte mucho sobre el vecindario que estás considerando. Un buen encargado de mantenimiento puede sugerir otros materiales o ideas para tu casa que durarán más y te ahorrarán dinero. No puedes ser un experto en todo, pero puedes aprender de los expertos que contratas. Te pueden ayudar a llenar cualquier espacio que puedas tener en tu conocimiento al entrar a un mercado nuevo.

En cualquier mercado, hay cientos de profesionales para elegir. Solo necesitas unos cuantos para que tu negocio inmobiliario funcione en piloto automático, el truco es asegurarte de que esos pocos sean los *adecuados*.

Puedes creer que al hacer esto estás poniendo el carruaje antes del caballo, pero asegúrate de tener ese equipo listo antes de hacer tu compra. De hecho, ten ese equipo listo antes de siquiera establecerte en el mercado. No podrás invertir exitosamente en un mercado si no puedes formar el equipo, así que tiene sentido formar el equipo primero para saber que tendrás las personas correctas en quien confiar cuando pongas las cosas en marcha. Elige tu mercado basado en la estructura de apoyo, no encuentres la estructura de apoyo después de haber elegido el mercado. No puedes porque puede que no esté allí.

Paso Cuatro: Los Inquilinos Correctos

Tener los inquilinos correctos en tu propiedad puede ser la diferencia entre tener un suave ingreso pasivo y tener un gran dolor de cabeza y estrés constante. Entonces ¿Cómo te aseguras de tener los inquilinos correctos?

Es importante tener un proceso de selección que detecte a los inquilinos incorrectos. Sin embargo, tiene que ser apropiado para ESE vecindario. No esperes que alguien con ingresos decentes, pero no un individuo acaudalado (p.ej., gana 70 mil al año) no tenga una mancha en su historial de crédito en estos vecindarios. Sin embargo, no deberías aceptar a alguien con múltiples deudas incobrables, o muchas cuentas pendientes con compañías de cobranza en su reporte de crédito. Puedes aceptar a alguien con múltiples desalojos y deudas incobrables pero los inversionistas más perspicaces saben cómo evitar esos riesgos recolectando por adelantado más depósitos de seguridad (la renta del primero y último mes, dos o tres meses de depósitos de seguridad). Ese es el arte de aprender cómo invertir en estos vecindarios. Aquí tienes unas cosas que deberías buscar:

Los inquilinos incorrectos son aquellos que no ganan el mínimo necesario para pagar la renta cada mes. Tampoco tienen un buen historial cumpliendo regularmente con sus obligaciones financieras. Pidiendo un reporte de crédito obtendrás esa información. Inquilinos potenciales que tienen expedientes en la corte, no solo expedientes criminales sino también expedientes civiles, indican que no son el tipo de persona responsable que quieres tener en tu propiedad. Más adelante hablaremos con más detalle sobre el proceso para encontrar buenos inquilinos

La idea de que los inquilinos deberían tener "la renta del primer y último mes" es un cliché por una razón. Si no tienen suficiente dinero para cumplir con un depósito, ya sea que lo llames depósito de seguridad o "la renta del último mes", es poco probable que cumplan con sus obligaciones en el futuro. Las cosas pasan, los vehículos se dañan y hay que repararlos, las personas se lastiman o se enferman y tienen que faltar al trabajo, lo cual puede reducir sus ingresos, o reciben una multa que deben pagar. Aunque estas cosas puedan ser trágicas para las personas, también pueden significar que no vas a recibir el dinero que te deben por proveerles un lugar decente para vivir. La gente que no tiene suficiente dinero para dar un depósito normalmente son personas que no han hecho planes para emergencias o incluso contingencias previsibles.

Lo último que quieres es que tu ingreso mensual de alquiler se vuelva poco confiable. Después de todo, la razón por la que empezaste esto fue porque querías ingresos regulares. No vas a querer involucrar al sistema judicial para resolver estas disputas.

Las cortes no se mueven tan rápido como te gustaría y pueden ser caras e inconvenientes de utilizar. A menudo, cuesta menos reducir tus pérdidas y no molestarte, ya que el tiempo y el costo de involucrar a una corte es más de lo que obtendrías si ganas tu caso. Ahora, no dudes en usar la corte cuando sea necesario, pero el punto que estoy tratando de explicar es que debes poder discernir lo suficiente como para que no tengas que ir a ese nivel en primer lugar. Es absolutamente factible.

Por supuesto, hay inquilinos malos. Estoy aquí para enseñarte que tan FÁCIL es evitarlos si sabes bien lo que estás haciendo. Y nosotros lo sabemos.

El inquilino correcto, por otro lado, es alguien que puede ser un inquilino confiable de largo plazo. Quieres buscar a alguien que tenga un hábito documentable de cumplir con sus obligaciones, un historial de empleo continuo y aprecio por *tu* propiedad. Una o dos manchas en su reporte son normales y aceptables, pero más de requiere que recolectes reservas financieras adicionales por adelantado. Idealmente, esto no es solo un lugar para que ellos recuesten su cabeza en la noche o guarden toda su chatarra, esta es su casa por el momento y deberían enorgullecerse de ella tanto como tú.

Cuando tienes al inquilino correcto, no tendrás preocupaciones de usar el sistema legal, ya sea llamando a la policía por actividad ilegal (o que los vecinos u otros llamen a la policía) o enfrentarte al juez u otras cortes civiles para encargarse de desalojos o procedimientos de reembolso por daños costosos.

El inquilino correcto te puede dar tranquilidad. No solo emocionalmente, sino financieramente. Puedes tener un flujo constante y confiable de ingresos, año tras año. No necesitarás tiempo ni esfuerzo adicional para dirigir tu negocio. Podrás pasar tu tiempo haciendo lo que se necesita para mejorar o agrandar tu negocio y no perder el tiempo administrando los dolores de cabeza que ocasiona un inquilino malo.

Son muchas las razones por las cuales tener al inquilino correcto es una parte esencial del sistema que he ideado. Solo necesitas saber cómo encontrarlos en el mercado donde deseas invertir. Cada mercado es diferente y tu tendrás que usar parámetros diferentes para evaluarlos. El truco es descifrar qué parámetros debes usar. Pero no te preocupes, los inquilinos correctos se pueden conseguir en cualquier parte. Tienes la oportunidad de encontrar inquilinos de calidad para tus propiedades, donde quiera que estén, y recibir un flujo continuo de ingresos mensuales siempre que sigas estos pasos.

¿Recuerdas a Kim y Chuck, el equipo de hermano y hermana del que hablé en el Capítulo Dos? ¿Recuerdas cómo encontraron una casa triplex en D.C. por $75,000, es decir solo eran $25,000 por unidad? Fueron afortunados de comprar la casa con dos buenos inquilinos que estaban pagando $1,100 al mes *cada uno*. No pasó mucho tiempo antes de que encontrarán los inquilinos correctos para la tercera unidad, quienes pagan $1,300. Eso significa que Kim y Chuck están ganando $3,500 al mes en una casa por la que pagaron $75,000. Eso es lo que los inquilinos correctos hicieron por Kim y Chuck y lo que pueden hacer por ti.

Paso Cinco: Invierte en un Buen Mentor

Cuando construyes un negocio exitoso de bienes raíces, puedes hacerlo de dos maneras diferentes:

1. Puedes descifrarlo todo tu mismo y desperdiciar una gran cantidad de tiempo y dinero cometiendo errores por tu cuenta.

2. O puedes obtener ayuda de alguien que ya ha cometido los errores y aprendió de ellos. Alguien que ya pagó el precio y puede acelerar tu camino al éxito.

Por supuesto es importante encontrar un mentor en quien confíes. Investiga y habla con otras personas que han trabajado con ese mentor para asegurar que estás recibiendo lo que necesitas de esa persona. Nunca me ofendo cuando la gente quiere saber de mi preparación y éxito como mentora. Hacer esas preguntas es parte del proceso que debes seguir para encontrar al mentor adecuado.

Es importante encontrar el mentor adecuado. Ese mentor debe ser alguien que, como yo, este dispuesto a conocerte donde estés. No existe una solución que funcione para todos los problemas. Tus necesidades, metas y deseos individuales son diferentes a los demás. Asegúrate de que tu mentor reconozca esto y no intente convertirte en un clon ya sea de él o de su sistema. Lamentablemente eso es muy común entre los llamados expertos que ofrecen entrenamiento para inversionistas. Tu portafolio de inversión debe ser tan único para ti como tus huellas digitales. Siempre aprendemos mejor interactuando con aquellos que ya tienen experiencia en el campo, y esto no es diferente con respecto a la inversión inmobiliaria.

Cuando encuentras al mentor correcto y contratas sus servicios, vas a tener grandes beneficios como:

Retorno de la Inversión. Piensa en lo que pagas a tu mentor al igual que pagarías una "matrícula" de la escuela. No esperarías ser médico o abogado sin ir a la escuela de medicina o de leyes. Y, a pesar de los altos costos de estas escuelas, los que quieren ser médicos o abogados asisten a ellas porque saben que, al final, obtendrán mucho más de lo que pagaron. Es lo mismo con un mentor, tienes que pagar primero por el conocimiento que necesitas para ser un experto. Y cuando lo hagas, verás que obtendrás mucho más de lo que pagaste. Entrarás al mercado más rápido y con una estrategia definida, cometerás menos errores y, en general, vas a adquirir propiedades más rápido y tendrás un flujo de ingresos por alquiler en menos tiempo. La mentoría se paga sola. Saldrás diciendo: "¡Invertir en bienes raíces es FÁCIL!" Confía en mí, esta no es la misma historia para todos, pero puede ser la tuya.

Apalancamiento. Te puedes apalancar en la experiencia de tu mentor para tu propio beneficio. ¿No sería genial montarse en los hombros de alguien más para llegar a la cima en vez de escalar todo el camino desde el fondo como lo hice yo?

Responsabilidad. Las dudas a menudo aparecen en la noche y afectan tu habilidad para funcionar en el día. Es fácil ignorar lo que no está frente a ti. Las distracciones de la vida cotidiana pueden hacer que sea difícil terminar las cosas. Un buen mentor te hará responsable por tus metas. Tu te asignarás un fin de plazo y tu mentor se asegurará de que lo cumplas. Si no hay nadie mirando sobre tu hombro, ¿Realmente cumplirías tus metas?

Acceso. Un buen mentor puede abrirte puertas. Tendrás acceso a sus contactos, conocimiento y recursos. Te pueden dar buena información sobre el área donde quieres invertir y el número telefónico de contratistas confiables.

Enfoque. Un mentor te puede ayudar a mantenerte enfocado. Por tu cuenta, podrías jugar el juego de "qué pasaría si…" para tu propio perjuicio ¿Qué pasaría si lo hago de esta manera? ¿O esta otra manera? ¿O estas cosas también? Un mentor puede ayudarte a mantener tus ojos en la meta. En este caso, la meta es una propiedad de bajo costo entre los 30 y 50 mil dólares que te dé un flujo de efectivo inmediato. Un solo enfoque, una sola intención.

RESUMEN

Parece simple cuando lo explico de esa forma ¿No? Para que tu negocio de bienes raíces comience con un flujo de efectivo estable que te pueda mantener financieramente seguro y a salvo, hay cinco simples pasos:

1. El mercado correcto
2. El precio adecuado
3. El equipo adecuado
4. Los inquilinos correctos
5. El mentor correcto

Esto es todo lo que se necesita para tener *Las Cosas Correctas* en tu negocio de bienes raíces. Entonces, ¿Qué estás esperando?

LA HISTORIA DE RHONDA J. DE FRACASO Y TRIUNFO

Rhonda J. ya tenía una propiedad de inversión cuando me conoció y se registró para que yo fuera su mentora. Ella era una mujer trabajadora con múltiples ocupaciones, trabajaba como contratista del gobierno y además tenía algunos clientes a quienes les llevaba los libros contables. Ella vio que uno de sus clientes de contabilidad, un contratista, estaba haciendo dinero con sus inversiones en bienes raíces y ella quería hacer lo mismo. Pasó mucho tiempo buscando una propiedad en la cual invertir ¡Porque ella no conocía mi sistema simple y fácil! La casa que encontró y finalmente compró era una gran casa con estructura sólida, pero estaba en un vecindario que tenía demasiado crimen. Era difícil para ella encontrar un inquilino decente y confiable que estuviera dispuesto a vivir en ese vecindario. Tuvo que seguir bajando la renta hasta que finalmente consiguió a alguien. Esto retrasó y redujo su flujo de efectivo ¡Exactamente lo opuesto de lo que quería!

Después de que empecé a trabajar con ella, pudo encontrar otra casa rápidamente a solo diez minutos de la primera. No estaba lejos en cuanto a distancia, pero el vecindario era mucho mejor y ella pudo obtener ganancias mucho más rápido. Ella hizo muchas preguntas inteligentes que le ayudaron a enfocarse y encontrar lo que quería. Rhonda también participó activamente en mis reuniones grupales semanales. Ella vio que había aprendido mucho de otras personas que estaban en un camino similar. No solo recibió información, ella también recibió apoyo emocional de personas que tenían los mismos miedos y aprensiones. Ahora, en vez de tener miedo, ¡Ella está ansiosa por comprar su siguiente propiedad!

CAPÍTULO 4

Cómo Funciona la Técnica CPR

La Técnica CPR que he desarrollado involucra obtener datos de tres parámetros críticos. Al igual que no puedes omitir alguno de los cinco pasos que describí en el capítulo anterior, no puedes omitir ninguno de estos parámetros si quieres una casa a precio accesible, de mínimo mantenimiento y en un vecindario decente. Estos tres parámetros son:

1. Crimen

2. Fotos

3. Rentas

Los llamo "Parámetros CPR" y son la base de la Técnica CPR. Justo como el CPR o en español "Resucitación Cardiopulmonar" o RCP[5] pueden salvarte la vida, los Parámetros CPR pueden salvar la metafórica vida de tu negocio de bienes raíces al igual que tu cartera, ¡Porque no deberías comprar cualquier casa "barata" que encuentres!

He encontrado maneras de simplificar la recolección de datos usando el internet como si fuera un aparato de monitoreo. Por supuesto, nada se compara con verlo en persona, pero puedes eliminar de tu lista muchas de las propiedades indeseables usando

---

[5] Resucitación Cardiopulmonar

esta técnica. Esto te ayuda a evitar perder tiempo (y a tu agente de bienes raíces) visitando propiedades que no van a funcionar.

Para obtener la información que necesito, busco propiedades en línea, enfocándome en estos tres criterios cruciales:

1. Buscar los reportes criminales disponibles
2. Ver fotos en el listado del MLS[6]
3. Ver el promedio de rentas de la dirección/vecindario

Probablemente has escuchado que cuando busques una casa deberías revisar las escuelas en el área. La calidad de las escuelas puede ser un buen indicador de la calidad del vecindario. Aunque esto pueda ser cierto para vecindarios más lujosos, no es el caso para vecindarios de clase trabajadora. En estos vecindarios, las familias buscan lugares seguros y limpios para vivir y tal vez no tengan el lujo de ser altamente selectivos en cuanto a escuelas con un alto número de clases avanzadas o actividades extra-curriculares. Es algo distinto. Entre más sepas qué habilidades necesitas para encontrar estas propiedades, más exitosa será tu búsqueda. He ayudado a muchos inversionistas, que vinieron a mi después de llegar a un callejón sin salida, y me dijeron: "¡Las escuelas tenían bajas calificaciones, así que no estaba seguro!" Bueno, las escuelas no deben ser el criterio principal en este método de inversión. Esta es una de esas habilidades donde tienes que saber qué hace la diferencia y que no. Y en este caso, los parámetros de criminalidad son mil veces más importantes que la calificación de las escuelas. En un vecindario de clase

---

[6] MLS significa "Multiple Listing Service" y es un depósito, de cierta manera, de casas en venta. Los Agentes de Bienes Raíces y los Corredores ponen las casas que tienen disponibles en venta en una lista disponible a través del MLS para poder llegar a una mayor cantidad de compradores po-tenciales.

trabajadora, los parámetros clave son crimen y renta, no las escuelas. Esto no significa que a los padres no les importan las escuelas, pero gastar exponencialmente más en alojamiento para estar en un distrito escolar donde hay una escuela con calificación alta no es una opción que esté disponible, así que la escuela cercana es la única opción. Y créanme, eso está bien (cada escuela tiene un camino para los que destacan académicamente y reciben honores o están en un nivel académico avanzado.

Veamos un ejemplo de cómo uso esta técnica para encontrar casas para invertir. Necesito saber si una casa en particular es la que quiero comprar. Hay mucha información en internet. Una parte de ella es buena y otra parte es basura, información completamente inútil. He descifrado a través de los años cómo tomar los factores importantes que realmente determinan la percepción y nivel de comodidad de una persona en cuenta e ignorar el resto. Esto puede parecer sentido común, pero viene de años de experiencia en varios estados diferentes. Es un método valioso para diagnosticar una inversión usando técnicas sólidas.

Primero, voy a un sitio como Realtor.com, Yahoo Homes, Zillow o Trulia. Cada uno tiene ventajas diferentes. Ajusto mi criterio de búsqueda a lo que quiero: Precio menor de $40,000 con tres dormitorios y dos baños. Dependiendo de dónde estés buscando, puede que no encuentres alguna propiedad o haya una selección limitada. Si estás decidido a comprar en esa área en particular, tienes que ampliar tu criterio, puedes aumentar el precio o no ser tan exigente con el número de cuartos. Generalmente, estoy dispuesta a manejar una hora para llegar a mi lugar de interés. La distancia de una hora de manejo depende de donde estas ubicado. Pueden ser 60 millas o, si estas en un área como Washington D.C., puede que sean solamente diez millas debido al tráfico.

Una vez que tengas varios resultados en tu búsqueda, mira las fotos. Me gusta organizar mis resultados por el número de fotos. Entre más fotos tenga ¡Mejor! Yo mantengo un pequeño cuaderno junto a mi computadora donde puedo anotar los detalles.

Es importante saber qué estás mirando. Algunas cosas que se ven mal que no lo son y algunas cosas que se ven bien que en realidad son muy malas. Por ejemplo, los agujeros en las paredes se ven terribles, pero en realidad son fáciles y baratos de arreglar. Siempre me fijo en las ventanas, techos y el sótano por señales de daño por agua porque esto puede indicar problemas estructurales mayores y pueden ser muy costosos de reparar. Normalmente puedes ver manchas de agua porque atraviesa los paneles de yeso. Así que, una mancha de agua grande en la pared puede que sea mucho peor que un enorme agujero en la pared que probablemente no costará más de cien dólares para reparar.

De todas las cosas que no puedo soportar cuando busco propiedades, el daño por agua es el peor. Tienes que atravesar inspecciones más exhaustivas y estar autorizado para todo cuando rehabilitas la propiedad, lo que implica más tiempo y dinero sacando licencias, permisos y posteriores inspecciones. Con tantas opciones en el mercado, ¿Por qué molestarte con esta? Alternativamente, puedes usar el daño por agua como punto a favor en la negociación y reducir el precio mucho más. Puede que obtengas una casa con daño por agua por casi nada.

No siempre es fácil distinguir lo que estás viendo en las fotos. Lo que parece daño por agua u otro tipo de daño puede que solo sea suciedad. Con un ojo experimentado, puedes hacer un muy buen trabajo estimando los costos comunes de reparación y otros costos de rehabilitación para la propiedad. Esa es una de mis partes favoritas de ayudar a las personas, y he desarrollado materiales y guías para ayudar a entrenar tu ojo para saber qué buscar. Si estas interesado en mi entrenamiento avanzado para estimar los costos de reparación comunes (sin importar en qué estado te encuentras ubicado) puedes comprarla por $9 en http://www.affordablerealestateinvestments.com/common-repair-costs-and-estimates-for-renovations. Solo está disponible a este precio para quienes hayan comprado este libro, de lo contrario, la única manera de ver esta capacitación es quedándote hasta el mes cuatro en mi *Membresía Investing Made Easy Monthly*, la cual cuesta $37.97/mes actualmente.

Por ejemplo, mi cliente Yolanda compró una casa con un baño que parecía que no se había limpiado en años. Era realmente desagradable. La mayoría de las personas hubieran reemplazado la bañera y los artículos fijos, si es que se hubieran tomado la molestia en hacerle algo. Pero no, Yolanda sabía que solo estaba viendo sucio y no le tenía miedo al trabajo duro. Ella pasó dos semanas de trabajo duro y gastó menos de cien dólares en productos de limpieza y terminó con un baño brillante, casi como nuevo, del que cualquiera estaría orgulloso. Ella pudo haber contratado una compañía de limpieza, pero algunos trabajos son lo suficientemente pequeños como para hacerlo tú mismo (siempre y cuando te asegures de que sea sanitario y seguro).

Si las puertas no están en buenas condiciones, no es una gran preocupación. Puedes obtener una tarjeta de crédito de Home Depot o Lowe's sin interés por varios meses y reemplazar la puerta ¡Incluyendo instalación! Por solo $400-$500.

La plomería puede ser un problema. Rehacer la plomería de una casa en el área de Baltimore cuesta alrededor de $3,000. Lo he hecho poco a poco y lo he hecho como un gran proyecto, y descubrí que siempre es más barato hacerlo todo de una vez. Los tubos de PVC son los mejores, no dejes que nadie te convenza de usar tubos de cobre. No es necesario y es un riesgo muy alto de robo. Los criminales saben que los tubos usados de PVC no valen nada y es fácil (es decir: ¡Barato!) de instalar. El cobre, por otro lado, tiene un gran valor de reventa, y los ladrones destrozarán (literalmente) una casa para llegar a él. Lo que digo es que puedes darte cuenta de MUCHISIMAS COSAS solamente con ver las fotos, pero debes entrenar tu ojo.

Una vez que hayas encontrado una casa cuya estructura parece estar bien, consulta los reportes criminales. En algunas áreas, puedes ir a la página web del departamento de policía local y obtener esa información. Si no existe, hay otras páginas web de información sobre crímenes que te pueden ayudar.

He usado www.CrimeReports.com pero ahora prefiero www.SpotCrime.com. Me gusta iniciar una búsqueda de incidentes en los últimos 30 días y me gusta verlos en un mapa. Soy muy visual y me ayuda a ver dónde sucedieron en relación a la casa que estoy viendo. Hace que mi decisión sobre si la casa es un candidato viable sea rápido y eficiente.

Recuerda: No estás buscando un vecindario SIN crímenes. No estoy segura si EXISTE tal cosa. Solo mira a todas esas celebridades que viven en comunidades exclusivas y están siendo acusadas de crímenes sexuales. Necesitas saber analizar la información que estás viendo. Normalmente ignoro información sobre delincuentes sexuales porque generalmente está desactualizada (algunas mostraban personas que vivieron ahí hace 10 años, esos registros no son mantenidos bien, estás viendo 20 años de información y solo un porcentaje que es precisa hoy en día). Si estás muy preocupado, por favor acude al departamento de policía local y pregunta si puedes obtener información más concreta y actualizada. Los reportes de vehículos robados tampoco me molestan. Voy a vecindarios súper elegantes en Washington D.C. y tienen la misma tasa de robo de vehículos. No me preocupa, eso está dentro de mi nivel personal de confort. Si hay muchos robos puede que instale rejas antirrobo. Cuestan como $1,300 y puedes recuperar ese dinero en un par de meses mientras proteges la casa de por vida. Ningún ladrón se va a molestar en atravesar las rejas antirrobo en tu propiedad cuando la casa de al lado no tiene. Estas son una gran inversión, especialmente si el robo es un problema en el vecindario. Esto hace que tu propiedad sea muy atractiva para inquilinos que quieren sentirse seguros y probablemente están dispuestos a pagar un poco más en renta por esa seguridad. Es como si estuvieras huyendo de un oso, solo tienes que ser más rápido que la persona más lenta. Honestamente, es así de simple. Así que, no todos los crímenes deberían evitar que inviertas en una propiedad de alquiler.

No me gustan los asaltos y el crimen físico. Entre más asaltos veo, menos probable es que compre la propiedad. Las personas deberían sentirse personalmente seguros en sus patios. Una cosa es que les roben y otra cosa es que se sientan personalmente inseguros y que haya numerosos asaltos EN ESA CUADRA.

He encontrado que, en esta subclase, definitivamente es variado de cuadra a cuadra. Lo digo por experiencia, tuve una casa por cinco años y la policía nunca vino a la calle (a menudo revisaba los reportes). Pero, a solo una cuadra, cada cierta cantidad de días había un asalto físico serio. El crimen realmente es de CUADRA EN CUADRA. Espero que comprendas eso muy bien.

También puedes decir mucho con solo ver el patio y los jardines. Ellos te pueden decir si la propiedad y el vecindario son queridos y cuidados. No solo mires las fotos de mercadeo, la cuales pueden ser montajes. Mira la propiedad en "street view" de Google Maps y no solo mires la propiedad, mira las casas adyacentes y las que están del otro lado de la calle.

Si es un condominio, el césped debería estar bien cuidado para mostrar que la asociación de propietarios del condominio está haciendo su trabajo. Si es una casa independiente, no solo mires la casa, mira también la de los vecinos.

Luego, revisa cuáles propiedades están alquiladas en el vecindario. Puedes ver en un sitio como Padmapper.com y te dará un rango. Me gusta estimar conservadoramente, imagina que vas a recibir lo mínimo. Luego, vas a recibir lo que esperabas o más, pero nunca menos. Digamos que Padmapper.com dice que el rango en este vecindario es de $600 a $1,000. Es una buena apuesta decir que puedes recibir $750, especialmente porque tu casa estará recién renovada y en buena condición, lo cual la pone años luz por delante de muchas de las otras propiedades en el vecindario (tu competencia). Hay doce meses en un año y puedes contar con que la tendrás alquilada ocho de esos doce meses. 8 x $750 = $6,000. Digamos que pagaste $19,000 por la casa y luego gastaste $3,000 en reparaciones y remodelaciones. Esos son $22,000 en total por toda la inversión. El primer año, ganarás 27% de lo que invertiste. Esto es bueno, porque vas a tener esta casa el año siguiente, y el siguiente, y así sucesivamente. Esto es solo un estimado del flujo de efectivo, lo veremos con más detalle en el Capítulo 5 "Financiamiento Creativo" donde analizaremos el flujo de efectivo.

Mi meta es tener una casa por 15 o 20 años. Así que, cuando hago reparaciones, trato de obtener una garantía de diez a veinte años. Esto hace que el desembolso de efectivo valga la pena a largo plazo. Si la misma cosa se vuelve a dañar en unos pocos años, puedo hacer que lo reparen por nada o a un costo reducido. Esto hace que todo sea rentable, así que, si pierdes tu trabajo, compraste esto a un precio lo suficientemente bajo y mantuviste los costos lo suficientemente bajos como para poder ganar unos pocos cientos de dólares al mes (incluso si has invertido recientemente). Y en unos pocos años, será todo ganancia. Como hice todas las reparaciones mayores en las casas que tengo de antemano, cuando algo se rompía, era menor. Normalmente pago $400 al año en reparaciones, y de vez en cuando una parte del sistema de calefacción, ventilación o aire acondicionado (HVAC) necesita reparación, puede llegar a costar hasta $2,000, pero eso pasa cada seis o diez años.

Estas casas no llegan a ti envueltas en papel de regalo y con un lazo. Tienes que poner un poco de trabajo en ellas. A veces, tienes que poner un poco (¡O mucho!) de trabajo duro como Yolanda lo hizo. Remángate la camisa, entra ahí y limpia. Es increíble lo que la limpieza puede hacerles a estas casas. Puedes pagarle $400 a alguien más para que la limpie o puedes hacerlo tú mismo, y la casa puede ir de trágica a mágica. No sé por qué ponemos en nuestras cabezas que no podemos hacer un poco de trabajo y ensuciarnos las manos. Saca eso de tu mente si estás tratando conmigo. ¿Por qué no pasas unas pocas horas de un sábado invirtiendo en un negocio del que puedes recolectar ingresos por los siguientes veinte años? Yo trabajo inteligentemente y tú debes trabajar inteligentemente si quieres que esto trabaje para ti. Sé capaz de decir: "Voy a hacer esto o a pagarle a alguien para que haga esto, pero lo VOY A HACER." Llamar a alguien y hacer una cita no es un trabajo duro. Solo hazlo.

Una vez que tengas una lista de casas seleccionadas como propiedades de inversiones potenciales, llama a un agente y hazle saber qué casas quieres ver específicamente. Si dices: "Quiero una casa de $40,000", ellos te mostraran una casa de $100,000. Sé específico. Di: "Quiero ver la casa es la calle 123 Dr. Maple, y la casa en calle Wormwood 428." Puede que esto no sea tan fácil como suena. Muchos agentes no quieren lidiar con propiedades de precio bajo porque no van a hacer mucho dinero, ya que su comisión será muy baja. Ahí es donde entra tener el equipo correcto. Y, para ensamblar el equipo correcto, es importante apalancarte en tus contactos, incluyendo tu mentor, para tener a la gente correcta a bordo. Necesitas un agente que sepa que no va a ganar mucho dinero con esta venta en particular, pero que va a poder repetir el negocio por ti y tus referidos. Necesitas dar a conocer esa posición claramente desde el comienzo y necesitas DECIR esas cosas. Necesitas un agente que entienda que las personas que no tienen baldes llenos de dinero necesitan comprar casas también. Confía en mí, si te acercas a ellos con las palabras incorrectas, ellos van a ignorar tus llamadas telefónicas muy educadamente (tuve un par de agentes que hicieron eso). Así que cuando hablo con un agente soy asertiva y digo: "Necesito X y X, y eso es todo, y planeo comprar más" Eso es todo. Muy directo y al punto. Necesitas decir esto o algo muy parecido, o prepárate para quejarte porque nadie recibirá tus llamadas. A veces, hay un arte en este mercado y en hacer que la gente esté en sintonía contigo, y eso empieza por posicionarte como una autoridad desde el principio.

Ten en cuenta que, si no tienes este tipo de propiedades en tu vecindario o ciudad, no significa que no podrás hacer esto. Puedes encontrarlas en ciudades cercanas o incluso fuera del estado. No tienes que ser un inversionista local para hacer que esto funcione. Si no sabes qué vecindarios explorar ¡Pregúntale a tu equipo!

Hay dos razones principales por las cuales creo en este modelo:

1. Baja la barrera de entrada a las inversiones en bienes raíces, especialmente para la gente que no tienen mucho dinero ahorrado.

2. Al comprar una propiedad de precio bajo, puedes asegurarte de que nunca estarás sin hogar. Siempre tendrás un lugar para vivir. Este tipo de seguridad es invaluable, especialmente para los que han enfrentado las dificultades de una caída en el mercado de bienes raíces.

Recuerda: Un alto número de fotos, precio bajo, renta alta y poco crimen son todo lo que necesitas para una inversión en una propiedad unifamiliar para alquilar. Puedes usar estos principios directamente o ajustarlos para que se adapten a tus necesidades de inversión.

EL SUEÑO DE YOLANDA – RETRASADO, PERO ALCANZADO

¿Recuerdas a Yolanda? Lo que no te dije es que ella había soñado con invertir en bienes raíces durante 10 años antes de que pudiera realmente comenzar a hacerlo, todo por falsos conceptos y mitos ampliamente difundidos. Yolanda creía lo que le decían, que ella necesitaba tener dinero para hacer dinero, que necesitaba crédito perfecto y un gran pago inicial de $50,000 esperando en el banco para hacer una compra. Ella pensaba que, si no tenías $100,000 tirados por ahí, las inversiones en bienes raíces eran solo un sueño.

Ella vio a sus amigas trabajando duro por poca ganancia, yendo de un trabajo a otro, alejadas de su familia y con poca vida social, solo para mantenerse a flote financieramente. Supo que eso no era para ella, así que buscó y encontró mis videos de YouTube. Después de ver algunos videos, me contactó y me convertí en su mentora.

Ella aprendió que no solo podía invertir sin necesitar una gran cantidad de dinero en ahorros, sino que podía hacerlo con corazón y propósito. Como yo, Yolanda creció en el tipo de vecindarios en los que ahora invierte. Hablé con ella sobre su experiencia y dijo: "Siento que cuando volvemos a los vecindarios y entregamos las casas para que alguien viva en ellas, no estamos pensando como un casero y no solo queremos alquilar el lugar. Volvemos a estos apartamentos y casas y le damos a una familia un hogar agradable para disfrutar, un lugar en donde pueden estar orgullosos de vivir y quieran quedarse por largo tiempo. Tienes inquilinos que serán inquilinos por años porque les gusta tanto el lugar debido a que has hecho un buen trabajo. Pones mucho esfuerzo en volverla una casa buena. Luego, la comunidad mejora porque las familias quieren mudarse a ese tipo de vecindarios y hacer que la comunidad sea mejor." Así que, ellos reciben un lugar en el que es económico quedarse por largo tiempo donde el precio no se va a disparar y tú tienes un socio de negocio que paga la renta el 99% de las veces a tiempo y disfruta vivir ahí. En una relación de beneficio mutuo y una relación humana, provees una propiedad sólida de alquiler a largo plazo a una familia que lo merece y lo aprecia.

¡Imagínate eso! ¡Hacer una buena acción y lograr la seguridad financiera al mismo tiempo! Presenciar un éxito como el de Yolanda es mi razón de hacer lo que hago. ¡Las finanzas espirituales y la compasión pueden ir juntas de la mano!

Yolanda vivía en Nueva York y encontramos el mercado perfecto para que ella invirtiera en Pennsylvania. Ella ahora está invirtiendo en su tercera propiedad e incluso puso a su familia y amigos en contacto conmigo y ellos también lo están haciendo. Se siente tan libre financieramente y ahora ella se puede enfocar en lo que es su propósito y llamado superior en la tierra. En última instancia, es para eso que empodero a la gente a través de la inversión en bienes raíces, libera un poco de espacio para que te enfoques en tu impacto en este mundo. Y está funcionando.

Por favor únete al grupo de los más amables y generosos profesionales que piensan como yo, que hacen de su sueño de inversión una realidad al unirse al Grupo Sub30k Mastermind en Facebook: Facebook.com/groups/Sub30kMastermindGroup

CAPÍTULO 5

Financiamiento Creativo

Cuando no tienes el crédito perfecto y una gran cuenta bancaria, no puedes entrar al banco y obtener un préstamo grande cuando quieras. A veces se necesita un poco de creatividad. Me enorgullezco de mi habilidad de ver la situación de una persona, ver lo que tienen a su disposición y encontrando una manera de hacerlo funcionar. Todos pueden tomar caminos diferentes para invertir en estas propiedades de alquiler a precios razonables; puede que no sea la manera típica.

Cuando empecé este viaje, no calificaba para un préstamo bancario convencional. Si no calificas para el préstamo de un banco convencional, sigue mi estrategia:

1. Investiga las Credit Unions en tu área. Las Credit Unions suelen ser más tolerantes con sus miembros que los bancos convencionales con sus clientes. Busca en Yelp y KreditKarma.com y mira las reseñas que incluyen: "Ellos me dieron instantáneamente una gran línea de crédito" Si un credit union otorga préstamos y crédito fácilmente, eso normalmente indica que están dispuestos a prestar para hipotecas fácilmente también.

2. Si calificas bajo sus términos de cuentas, puedes abrir una cuenta con tan poco como $5 hasta que estés listo para

invertir. Si estás abriendo una cuenta explícitamente para solicitar un préstamo, deposita fondos adicionales para demostrar que vas a ser un buen socio de negocios. Sugiero $2,000 – $4000+, lo que debe ser una parte de tu reserva de inversión. Solo importa que eres un miembro de un Credit Union; no importa que tan grande sea tu compra.

3. Las instituciones bancarias orientadas a las fuerzas armadas tienden a ser más flexibles con los préstamos que otras instituciones.

4. Pídele recomendaciones de instituciones que hagan préstamos a nivel nacional a inversionistas con experiencia en ese rango de precio.

Si las Credit Unions no funcionan para ti, o si no hay una que puedas usar en tu área, todavía hay otras opciones. Si tienes un 401k, puedes tomar un préstamo de $10,000 a $15,000 (eso es todo lo que necesitas por propiedad si estas obteniendo una hipoteca). Puedes usar tu devolución de impuestos como pago inicial. También puedes usar cualquier ahorro personal que tengas.

La belleza de este rango de precios es que tu solo pones una cantidad de dinero relativamente pequeña "en riesgo" ("*en riesgo*" siendo un término suelto, porque minimizamos todos los riesgos con conocimiento y previsión) para ganar una gran suma anual y un flujo de efectivo mensual.

No me malinterpretes, no te estoy diciendo que asumas una deuda de tarjeta de crédito de alto interés, que empeñes tu vehículo o que uses deudas no garantizadas para financiar una propiedad de inversión. Estoy diciendo que puedes flotar una deuda de corto plazo usando estrategias inteligentes. Vamos a decir que tienes $1,000 en ahorros y que estas recibiendo una devolución de impuestos de $2,500. Son $3,500. Luego toma un préstamo de $2,500 de tu 401k y eso te da los $6,000 que necesitas para el pago inicial de 20% para una casa de $30,000. ¡Pero espera! ¡Necesitas $2,000 para reparaciones y renovaciones! La mayoría de las tiendas grandes de mejoría hogareña como Home Depot y Lowe's te darán una opción de crédito "igual al efectivo" de tres a seis meses. Así que, ve y compra esos objetos para renovaciones y reparaciones. Para el momento en que lo tengas que pagar, ya tendrás un flujo de efectivo de la renta.

Si eres 100% dueño de tu vehículo (no estás pagando una deuda por el), puedes usarlo como garantía para recibir un préstamo. No sugeriría ir a una compañía de empeño de títulos, ya que esos préstamos son de altísimo interés. Esos préstamos son tan caros que corres el riesgo real de perder tu vehículo si no puedes hacer los pagos. Puedes recibir un buen préstamo con una tasa de interés razonable de una Credit Union. Para mi segunda propiedad de inversión recibí un préstamo de $10,500 con mi vehículo como garantía con una tasa de interés de solo 4% de una Credit Union. Entre eso y las tarjetas de crédito de minoristas de Home Depot y Lowe's, pude comprar y renovar mi segunda propiedad. ¡Hice eso tres veces! Pagué mi deuda cada vez y pude repetir el proceso cuando tenía una nueva casa para comprar.

Los préstamos personales son una muy buena opción para los que no tienen buen crédito, pero tienen un flujo de efectivo e ingresos mayores. Una Credit Union puede darte un préstamo personal no garantizado. No está de más preguntar, la peor cosa que pueden decir es que no. Y a veces dicen que sí, eso me ha funcionado. Fue más fácil una vez que me establecí como alguien que paga sus deudas. La única consideración con un préstamo personal es que el pago es mucho más alto que los pagos de otras tarjetas de crédito o hipotecas, así que solo puedes tener uno o dos al mismo tiempo y no lo puedes escalar a más propiedades como lo podrías hacer con una hipoteca. Tenía crédito perfecto, estaba ganando más de $100,000 como consultora informática y tenía poca deuda, pero no me aprobaron para un préstamo personal porque el pago era demasiado alto, a pesar de que podía pagar el monto cinco veces. Así que, un solo préstamo personal a la vez y tu tasa de adquisición sería cada dos años. Pero, si tienes un juicio hipotecario en tu reporte de crédito como yo, los préstamos personales son una muy buena opción mientras esperas siete años para que eso sea eliminado de tu reporte de crédito y puedas ser aprobado para una hipoteca. Yo pagué dos casas de esta manera.

Y, para financiamiento a corto plazo, puedes usar las tarjetas de crédito de minoristas. Lowe's y Home Depot también se pueden contratar para hacer tareas de renovación. Los techos, las canaletas, puertas, ventanas, pisos, gabinetes, etc. Todas estas cosas pueden ser compradas con sus tarjetas de crédito, las cuales dan de 18 a 24 meses de financiamiento para pagarlo (con el dinero de tus rentas, por supuesto). He usado más de $17,000 en financiamiento a corto plazo como este a través de minoristas grandes y negocios pequeños.

¿Sabías que cuando buscas en Angie's List, puedes filtrar los resultados basado en que contratista ofrece financiamiento? Tengo una tarjeta de mejoría hogareña de Wells Fargo, que ofrecía 36 meses de financiamiento a través de un contratista. Algunos contratistas se sobresalen para estar en la lista de comerciantes aprobados de estas tarjetas de crédito lo cual les permite ofrecer financiamiento. He usado este método extensamente y una vez que la tarjeta se había pagado, pude ver cuáles comerciantes en el área también utilizaban ese brazo de financiamiento y noté que había comerciantes de alta calidad también. Pones estas cosas juntas y realmente tienes el dinero para financiar cualquier remodelación que necesites, así que úsalo con moderación y como una forma de comprar tiempo.

Puedes usar cualquier combinación de estas opciones. Yo usé todas para mi propiedad de inversión en Baltimore, MD.

En aquel momento, utilicé todas estas opciones y todavía tenía el a juicio hipotecario en mi reporte de crédito. No tenía un muy buen puntaje de crédito (620-660). Pero fui creativa y pude hacer que funcionara. Tú también puedes.

¿Y lo mejor de todo? Todos estos préstamos personales y líneas de crédito son fáciles de consolidar y refinanciar cuando se necesite. Así que, una vez que la oferta de financiamiento gratuito expira, es fácil ir a cualquier banco (incluso los locales) y pedir un préstamo de consolidación de tarjeta de crédito (van a incluir las tarjetas de minoristas y los préstamos personales). La primera vez que lo intenté, cuando tomaron lo que pagué y lo extendieron por cinco años, redujo el pago por $151. Hice el pago mínimo por otro año y cuando lo consolidé por segunda vez (de nuevo tomaron lo que quedaba y lo extendieron por cinco años para un préstamo consolidado refinanciado) el pago bajo otros $241. Así que, estas SON opciones y hay una estrategia detrás de esto, ¡Que incluso un juicio hipotecario no pudo detener!

FINANCIANDO TU PROPIEDAD DE ALQUILER

Aquí tienes un poco de información básica sobre los pros y los contras de diferentes opciones de financiamiento. No importa quien seas, si eres alguien que tiene medio millón de dólares esperando en una cuenta de inversión o alguien que gana $15.00 la hora, hay opciones de financiamiento que se ajustan a tus necesidades si sabes dónde buscar.

COMPRAS CON EFECTIVO

Obviamente, la forma más fácil de comprar una casa es pagar en efectivo. No todos pueden hacer eso, pero más gente de lo que pensarías puede con este método Sub-30K. Ayudé a una mujer que tenía dos trabajos en la cafetería de un hospital. Ella no ganaba mucho dinero, pero tenía un compañero de cuarto que la ayudaba a reducir sus gastos. ¡Ella pudo ahorrar 50% de su pago después de impuestos y comprar su primera casa con efectivo!

La ventaja principal de comprar con efectivo es que después de impuestos y reparaciones, todo tu ingreso es flujo de efectivo puro. También puedes recibir la casa por un mejor precio. La mayoría de los vendedores prefieren tener tu efectivo en mano en un par de semanas en lugar de esperar más de un mes por el financiamiento y las evaluaciones que hace el banco, especialmente porque eso puede fallar, retrasando la fecha de cierre aún más.

La desventaja principal es que para muchas personas se toma mucho tiempo ahorrar esa cantidad de dinero. Así que, si tienes el efectivo y puedes comprar unas cuantas casas usando este método, hazlo. Sin embargo, si te va a tomar otros cinco años ahorrar esta cantidad, recomendaría usar un préstamo hipotecario o una combinación de préstamos personales para construir tu portafolio.

HIPOTECAS CONVENCIONALES

Hipotecar tus propiedades de inversión es la forma más rápida de construir tu portafolio al principio y, por lo tanto, la forma más rápida de multiplicar tu flujo de efectivo.

Este método funciona mejor para las personas que tienen crédito limpio y un historial de trabajo sólido (si declaras tus impuestos con W2), o dos años o más de empleo como trabajadores independientes. Pero hay que tener cuidado con tu estrategia contable y tributaria. Si utilizas muchas deducciones, tus ingresos (al menos en papel) se reducirán, lo cual puede hacer difícil ser aprobado para un préstamo hipotecario.

Generalmente necesitas 20% como pago inicial, pero en este mercado, solo estás hablando de $6,000 a $10,000. Es usualmente más fácil obtener ese monto que el precio completo de compra.

Algunos bancos y compañías de hipotecas no quieren involucrarse en los mercados inferiores. Trabajé con un banco que no quería prestarle a mi cliente menos de $100,000. En este caso, puedes cambiar tu objetivo y comprar una casa multifamiliar con varias unidades. Ajusté las expectativas de mi cliente y en vez de comprar tres casas en rango de los $30,000, obtuve una casa de tres unidades en el rango de los $100,000. Al final, funcionó igual y pude obtener mejor financiamiento de un prestamista con mejor reputación.

PRÉSTAMO PERSONAL

Los préstamos personales pueden ser buenos, pero no deberían ser tu modo de financiación más importante, porque las tasas de interés y los términos son usualmente altos. Estos préstamos pueden funcionar para ti, si no puedes obtener una hipoteca convencional. Pero debes tener proyecciones de flujo de efectivo alto para hacer que funcione o estar preparado para tener flujo de efectivo negativo por un tiempo hasta que pagues parte de ese préstamo. Esto es debido a que los préstamos personales tienen pagos mensuales más altos que una hipoteca tradicional y requieren más tiempo para pagar el capital o principal. Tu crédito necesita estar por lo menos al inicio de la escala en categoría razonable/buena (620 como mínimo).

Usar préstamos personales disminuye la velocidad de tu adquisición de propiedades debido a sus altos pagos. Sin embargo, puedes refinanciarlos cada año para reducir el monto de los pagos y la tasa de interés. Cuando estás recibiendo estos préstamos, intenta siempre obtener el plazo más largo de duración que ofrezcan, eso mantendrá tus pagos lo más bajo posible.

Solo usaría esta estrategia hasta que puedas calificar para una hipoteca tradicional. Es un patrón de espera mientras acumulas tus primeras propiedades, para que la incapacidad de calificar para una hipoteca tradicional no te detenga indefinidamente.

Usé préstamos personales cuando empecé a invertir. No pude obtener una hipoteca tradicional debido a mi ejecución hipotecaria. Pero tenía un trabajo y era soltera, así que pude mantener mis gastos personales muy bajos. Cuando eso tuvo éxito, traté de obtener un segundo préstamo personal para la segunda propiedad y me lo negaron. Me dijeron que ya tenía uno, que no podía tener dos. Solo una vez pude tener dos préstamos personales al mismo tiempo y fue porque apliqué en cuatro lugares el mismo día. Dos me aprobaron y esas dos consultas en mi reporte de crédito no contaron en mi contra. Tenía dos préstamos. ¡Ahí está, ese empuje extra funcionó para mí de nuevo!

Si usas un préstamo personal, refináncialo cada uno o dos años. Después de que hayas hecho doce meses de pagos puntuales, los prestamistas verán que eres una persona que paga sus cuentas. Los bancos normalmente están cómodos con deudas no garantizadas como préstamos personales (lo consideran lo mismo que las deudas de tarjeta de crédito). Si ven ese tipo de historial de pagos a tiempo, puede que te permitan refinanciar y consolidar tu deuda de crédito (normalmente junto con cualquier otra deuda de tarjeta de crédito que tengas) y ofrecen nuevos términos para el préstamo y tasa de interés, ambos reducen el pago mensual con esa refinanciación.

Esta es una buena forma de empezar. Es una manera de mojarte los pies en inversiones en bienes raíces y ponerte cómodo con ellas. Al momento que hayas establecido suficiente crédito e ingresos para usar métodos de financiamiento más tradicionales, ya has comenzado tu imperio.

PRESTAMISTAS DE "HARD MONEY"

No soy una gran fanática de los préstamos con "hard money" para este tipo de inversión. Son para personas con mal crédito, sin crédito y/o sin dinero. Pocos prestarán por largo plazos, el más largo que he visto fue de 60 meses, que son cinco años. Ellos cobran altas tasas de interés (12-15% cuando un préstamo personal normalmente es de 7%-14%). Este tipo de préstamo es algo que usarías si estás comprando casas para remodelar y revender o si necesitas el dinero para poder adquirir una casa a un precio rebajado y revenderlo el día de la compra o del cierre (wholesaling) y para aquello solo necesitas un préstamo por un breve período de tiempo.

Ten mucho cuidado con estos préstamos. Te pueden meter en muchos problemas. No es barato y ellos querrán un pago inicial de 20-30%, así que tienes que poner dinero en la mesa también. Si fallas en un pago, pueden activar una cláusula que hace que todo el préstamo venza de inmediato.

EL 401k Y LAS CUENTAS DE RETIRO

Mucha gente se pone nerviosa al tomar de sus 401k para invertir, pero puede funcionar para ti si sabes cómo hacerlo correctamente.

Actuarías muy diferente, por supuesto, si tuvieras $400,000 guardados en tu 401k en lugar de $40,000.

Digamos que tienes $400,000. Podrías tomar solo el 25% y pagar en efectivo tres casas con ese dinero. En muy corto tiempo, ganarías más dinero mensual con esas tres casas que con tu portafolio entero en un año.

Ten en cuenta que a veces hay impuestos u otras penalidades por tomar dinero de tu 401k, especialmente si eres menor de 59 años y medio. Haz la matemática. Algunas de esas penalidades van a ser compensadas por los gastos y pérdidas iniciales de tu negocio de bienes raíces. Puede que se cancelen entre sí. Mucho de eso depende de estructurar bien tu empresa matriz y el brazo de inversión de tu negocio de bienes raíces. Habrá más sobre negocios sofisticados en el Capítulo 10 "Contabilidad y Bookkeeping".

LÍNEA DE CRÉDITO CON GARANTÍA HIPOTECARIA

Una línea de crédito con garantía hipotecaria, a veces llamada Home Equity Line of Credit o HELOC por sus siglas en inglés, es una forma de obtener un préstamo contra el capital de tu casa.

Si tu casa vale $100 000 y solo te faltan por pagar $40,000, significa que tienes un Home Equity o Capital de $60,000,

Esto puede funcionar bien porque si tienes suficiente home equity o capital en tu casa es posible que puedas obtener un préstamo y no tengas que obtener otra hipoteca y pagar 20% de cuota inicial.

Cuánto capital puedas sacar de tu casa depende de la institución que te preste el dinero. Algunas solo te permitirán prestar hasta el 80% de la equidad, otras irán tan alto como 95%. Las Credit Unions tienden a dejarte pedir más.

Puedes hacerlo de dos maneras, puedes refinanciar toda la hipoteca y más, y retirar efectivo para reservas. Admito que yo tiendo a hacer esto. Si no uso el dinero, solo lo devuelvo. Algunas personas prefieren una línea de crédito para usar a voluntad. Esto puede funcionar muy bien, pero recuerdo que, en el 2008 cuando el mercado colapsó, los bancos les dijeron a las personas que no habían usado sus líneas de crédito que ya no podían retirar dinero de ellas. Si tenemos otra crisis financiera, eso puede ser un problema. Por supuesto, el problema con retirar todo el dinero por adelantado es que tienes que pagar interés por todo el monto desde el principio. Hay pros y contras para cada estrategia.

Para resumir el financiamiento y compra de propiedades de alquiler en general, el mejor consejo para bienes raíces que te puedo dar es: "Para empezar, ¡Solo empieza!" No dejes que la visión de la inversión inmobiliaria de otras personas afecte la tuya. No importa quién eres, puedes hacer que esto funcione si quieres que funcione. Toma tu visión y úsala para construir tus sueños. Ponte tus propias metas y determina qué necesitas hacer para lograrlo. Habla con tu mentor para hacer una sesión de platica sobre ideas para evitar obstáculos potenciales y cuáles son las mejores opciones para TUS finanzas, no las del internet o las de alguien más. Haz lo que te haga sentir cómodo porque tú eres el único que sabe lo que necesitas.

ANALIZANDO EL FLUJO DE EFECTIVO

La sabiduría convencional dice que el valor de la propiedad en sí es lo más importante que debes considerar cuando inviertes en propiedades. Ese es un buen consejo, si tienes 20 años para esperar a que se pague y rezas porque aumente de valor. Estoy aquí para decirte que eso no es cierto: Es el flujo de efectivo. El flujo de efectivo depende enteramente de la renta que obtendrás comparada con el costo mensual de ser dueño de la propiedad.

El consejo sobre los vecindarios clase A o que el valor de una casa es más importante que el flujo de efectivo, son buenos consejos para gente rica, cuando puedes esperar 30 años para que se pague la casa y obtener un muy buen flujo de efectivo. Si estás leyendo este libro, probablemente no tengas una cuenta bancaria con $500,000 ni quieres esperar 30 años para obtener $1,500 al mes en flujo de efectivo. Así que, necesitamos ver esos números hoy, inmediatamente después de poner la casa en servicio.

Recuerda, queremos un activo que genere ingresos, no un drenaje en nuestros gastos. Estamos en esto a largo plazo, cierto, pero no deberíamos sacrificar nuestro presente por alguna meta futura. Esta propiedad debería ser comprada y renovada a un precio tan bajo que casi tengas garantizado un flujo de efectivo inmediatamente. Esa es una de las cosas que enseñó primero en mis cursos en línea y tutoría, cómo hacer las matemáticas. Necesitas saber cómo sumar los gastos comunes como seguro, impuestos, mantenimiento de rutina, reparaciones e hipoteca y balancearlo contra la renta que va a recibir.

Los gastos son fáciles de calcular, pero en este rango de precio, el matiz lo es todo. Así que, voy a explicar los números y seguiré con lo que deberías esperar recibir en cuanto al ingreso mensual bruto (y neto).

Renta Mensual		0	
GASTOS	**Anual**	**Mensual**	
Impuestos a la Propiedad			(Usualmente puedes hallar esto en línea)
Seguro			(típicamente $30-$60)
Administración de la Propiedad			(típicamente 8-10%)
Hipoteca			(Dependiente Del Financiamiento)
Líneas de Crédito de Renovación			(Dependiente Del Financiamiento)
HOA			(Dependiente De La Comunidad HOA)
Vacancia (10% de las rentas)			
Reparacaiones (5% de las rentas)			(Puedes basarlo en una tasa del 10%)
TOTAL			
Flujo de Efectivo (Renta Mensual-Gastos Mensuales)=			

Flujo de Efectivo	
Flujo de Efectivo Mínimo	$150
Flujo de Efectivo Bueno	$250
Flujo de Efectivo Fantástico	$350 en adelante
Cálculos Precargados (No Ingresar Valores Directamente)	

FLUJO DE EFECTIVO MENSUAL

Renta Mensual _____

- Impuestos a la Propiedad (usualmente, puedes hallar esto en línea) _____
- Seguro (típicamente $30-$60) _____
- Administración de la Propiedad (típicamente 8-10%) _____
- Hipoteca (Dependiente de las opciones de financiamiento) _____
- Cuota de la HOA (dependiente de la comunidad HOA) _____
- Líneas de Crédito de Renovación (dependiente del financiamiento) _____

Flujo de Efectivo Bruto = _____

- Tasa de Vacancia (10%) _____
- Reparaciones (5%) _____

Flujo de Efectivo Neto = _____

FLUJO DE EFECTIVO NETO CONTRA BRUTO

El flujo de efectivo bruto es cuánto dinero tienes en tu cuenta bancaria después de gastos obligatorios. Tienes que pagar la hipoteca, las cuotas de la Homeowners Association (HOA), seguros, etc. La mayoría de los inversionistas consideran esto como el número más importante, ya que puedes dejar que este se acumule en tu cuenta bancaria para ayudar en tu próxima inversión.

El flujo de efectivo neto involucra apartar el 15% para futuras reparaciones y gastos de vacancia. El flujo de efectivo neto puede verse significativamente distinto.

Personalmente, uso el flujo de efectivo bruto primero por esta razón: En esta etapa, ya que no estoy viviendo del flujo de efectivo, puedo dejar que todo se asiente en el pote y usarlo para futuras compras y reparaciones en general. Sin embargo, si eliges avanzar con el ingreso neto para ser más conservador, no hay nada de malo en eso. El objetivo es pagar estas casas y obtener el 80%-90% de las rentas mensuales, no solo una porción. Por esa razón, la mayoría de los inversionistas lo ponen todo en el pote.

Es importante asegurarte de que ganes lo suficiente en rentas para justificar el gasto. Si solo estás ganando $500 en total en rentas cada mes, incluso si eres dueño completo de la propiedad, son $5,000 al año, tendrás que asegurarte de que no halla reparaciones mayores en el horizonte. Un reemplazo de HVAC de $3,000 (periódico) o un reemplazo de techo de $3,500 (desastres naturales) puede eliminar un año completo de ingresos. Así que, esa baja renta es dependiente de cuanto trabajo sea necesario para esa casa.

Mi flujo de efectivo mínimo (bruto) que aceptaría por una unidad es $350. Aceptaría $300 si alguien está invirtiendo en el sur, la demografía de esa región tiene rentas más bajas en general fuera de las ciudades principales y esa es solo la naturaleza de las propiedades de alquiler sureñas. Esto tiene suficiente relleno para ahorrar para futuras inversiones o cualquier reparación inesperada en la estructura hasta que la casa este pagada por completo.

$250 es un flujo de efectivo decente. Hay inversionistas de "Vecindarios de Clase A" que están acostumbrados a esa cantidad de flujo de efectivo (o menos). $150 es el mínimo absoluto que es aceptable y eso es solo porque no estás dispuesto a viajar fuera del estado (en un área foránea).

Este es el sistema que YO enseño y seguimos de allí. Cualquier cosa menos es basura en mi mente, aunque aumente de valor en 30 años, eso no está en mi línea de tiempo, libertad financiera en dos a cuatro años si lo está.

FLUJO DE EFECTIVO COMPARADO CON EL PRECIO

La cantidad de flujo de efectivo NECESITA ir hacia el extremo superior, sin importar cuánto costó la propiedad de alquiler, pero especialmente si estás gastando mucho dinero en la propiedad.

Mientras hablaba en la REI Expo en DC, recuerdo una conversación con un inversionista que estaba luchando por encontrar una propiedad. Tomando consejos copiados que encuentras en los foros mayores, él buscó una propiedad de alquiler cerca de donde vivía. Como vivía en el Norte de Virginia (que tiene dos de los condados más caros del país), la única propiedad económica era un condominio de $240,000 que daría un flujo de efectivo (bruto) de $200 al mes.

Déjame explicarte por qué esto es una mala idea. Primero, si vas a tener un bruto de $200 al mes, asegurémonos de que pagaste menos de 50 mil por la casa, no $240,000 por ese tipo de retorno mensual.

Sí. Importa.

Segundo, el gasto por la inicial de un condómino a ese precio es del 20%, son $48,000. Puedes comprar una propiedad de alquiler completa por esa cantidad y ganar entre $1,000-$1,500 al mes, no $200. Con esas rentas, de una a seis semanas de vacancia puede eliminar un año entero de ganancias.

Esa es la diferencia. El asesoramiento tradicional está teñido de clasismo y privilegio. Clasismo por el hecho de que vecindarios llenos de gente de clase trabajadora son ignorados y estereotipados. Privilegio porque la gente que asesora les dice a las personas que es una buena idea gastar $48,000 para obtener una propiedad de alquiler y esperar 30 años para que la propiedad esté pagada y lista. No todos tienen el lujo de poner esa cantidad de dinero y esperar 30 años y ganar $200 al mes. Debes estar muy cómodo para aconsejarle a alguien que ha durado 10 años ahorrando 20 mil y decirles que eso no es suficiente o que necesitan 30 mil más para vivir la vida de sus sueños. Eso es un poco de privilegio y es por eso que tuve que hablar de un camino diferente a la libertad financiera que es mucho más económica.

Si tu asesoramiento para inversiones es para alguien que tenga 150 mil en el banco y acceso a más a través de papá y mamá, entonces déjales saber que tu mensaje es para gente con bolsillos profundos y no le digas a nadie que están equivocados por invertir en una propiedad de menor valor en un vecindario de clase trabajadora, el hecho que te sientas incómodo no significa que otros lo estarán invirtiendo en esa subclase.

Tú NO tienes que esperar 30 años, tu no necesitas $50,000 para empezar. Puedes tener la vida de tus sueños e ingresos pasivos en uno a cuatro años. Eso es. Ese es tu sueño.

CAPÍTULO 6

Encontrando Inquilinos en Vecindarios de Clase Trabajadora

Encontrar buenos inquilinos es clave para tener un negocio de inversiones en bienes raíces rentable. Después de todo, ellos son los que pagan la renta que hace el flujo de efectivo.

Hay algunos mercados que querrás evitar completamente a menos que estés aplicando la estrategia de aumento de valor y no la de flujo de efectivo. La Ciudad de Nueva York, por ejemplo, tiene leyes que son tan amigables para los inquilinos que toma mucho tiempo (y es increíblemente costoso) deshacerse de un inquilino que no paga su renta o que es destructivo. Tengo historias de personas que entraron en este negocio solas y su plan de retiro se destruyó porque no estaban preparados para una batalla de desalojo de un año. Eso no pasa en Georgia, 30 días, si no pagas, te vas. En áreas amigables con los inquilinos en el noreste (Baltimore, Nueva York, Nueva Jersey), te encontrarás lidiando con inquilinos "profesionales" que han aprendido cómo operar el sistema y vivir gratis el mayor tiempo posible. Tú quieres evitar eso. Tu trabajo es darle a la gente un lugar para vivir de calidad con una renta razonable, no gratis.

En un vecindario de clase trabajadora, debes entender el tipo de inquilino que vas a encontrar. Puedes esperar que tu renta sea pagada cada mes, sin embargo, también espera que pueda llegar tarde una o dos veces al año.

Puedes ir a páginas web como BiggerPockets para obtener información sobre inversiones inmobiliarias y obtener buenos consejos, pero el asesoramiento no está orientado a personas como tú, yo y esta demografía. No está orientado a casas de bajo precio en vecindarios de clase trabajadora y entonces, a veces no es el correcto cuando intentas aplicarlo a estos mercados. No es mal asesoramiento, simplemente no se aplica en estas situaciones. Cuando estás empezando, es fácil confundirse con el asesoramiento conflictivo que recibes. He visto inversionistas una y otra vez en estos foros mayores pidiéndole consejos sobre vecindarios de bajos ingresos a inversionistas élite quienes no se involucrarían en esos vecindarios. ¿Vez la extrema desconexión? ¿Cómo se supone que alguien a quien ni siquiera le gusta esa clase de activo te aconseje en cómo navegarlo?

Sería genial si estos inversionistas dijeran: "No he tenido éxito en estas áreas y tampoco invierto en ellas, así que debes preguntarle a alguien que sí tenga experiencia." No he visto ni UNA VEZ ese tipo de respuesta considerada. He VISTO: "No compres un CERDO de Sub30K", o "Pasarás más tiempo desalojando que recolectando renta con la gente de esos vecindarios", o incluso "Deberías ir a un vecindario clase A que este cerca de tu casa y empezar ahí". Todo esto puede ser asesoramiento terrible. Los vecindarios son diferentes. Un vecindario puede tener desalojos cada semana mientras otro está lleno de familias que han estado ahí por más de 18 años. Ambos cuestan lo mismo, pero un inversionista discerniente puede encontrar la diferencia entre los dos. El asesoramiento que se escucha en general no tiene ese nivel de discernimiento. Lo cual es la razón por la que escribí este libro. Mucha gente ha sido excluida de la conversación por esta arrogancia, así que ¡Así que los invito a todos! ¡Nadie me mantendrá fuera de la mesa nunca más!

Recuerda: No están errando en general, es que no han tenido éxito o experiencia en estos vecindarios, pero no mencionan esa información al comienzo de su asesoramiento.

Entonces, ¿Qué tienes que buscar en un inquilino que trabaja duro?

SOLICITUD

Es importante tener un buen proceso de solicitud que recolecte toda la información que necesitas. Mis administradores de propiedad hacen este trabajo y luego me lo presentan para tomar la decisión final. Yo quiero saber todo sobre sus ingresos, su historial de empleo, su historial de vivienda, su crédito, su historial criminal y si han tenido demandas civiles en contra de ellos. Si no obtengo esta información por adelantado y luego obtengo un inquilino que no es bueno, es mi culpa. Es mi trabajo hacer las preguntas correctas y hacer una investigación preliminar. No puedo esperar que un inquilino potencial me dé esta información voluntariamente.

INGRESOS Y REPORTE DE CRÉDITO

La regla absoluta e irremplazable es que la gente debe ganar tres veces la cantidad de la renta. Aquí es donde entra el matiz. Bajaría hasta 2.5 veces la renta en ingresos si tiene pareja y buen crédito. Si no, los estás perjudicando, poniéndolos en un lugar que no es financieramente factible (especialmente en el ambiente actual de sueldos estancados y rápida inflación). Si la renta es $500 mensuales, necesitan ganar $1,500 al mes. Si la renta es

$1,000 mensuales, necesitan ganar $3,000 al mes y punto, sin excepciones. Pueden ser dos personas en el arrendamiento que hagan posible (como un equipo de esposo y esposa). Pero esto no es para nada irrazonable y es mutuamente beneficioso para los dos. Sé firme en esto o te arrepentirás.

Y, si no encuentras a alguien que califique para esa renta después de dos meses, adivina… Reduce la renta para obtener otro lote de posibilidades.

Esto no es solo para beneficiarte, como el casero, pero para beneficiar al inquilino. He doblado esta regla en el pasado y me he arrepentido. Si ellos no ganan tres veces la renta, no la pueden pagar y terminan atascándose y haciendo compromisos incómodos con la comida y el transporte. Y cuando tienen hijos, no es una vista muy bonita para ambos grupos en esta transacción. Se sobre apalancan, se estresan y no pueden manejar la situación. Nadie gana cuando alguien adquiere más de lo que puede pagar. No es correcto en ningún nivel poner a alguien en una situación en donde van a fallar. Nadie gana y todos pierden.

No soy tan estricta con los reportes de crédito. En mis vecindarios, no todos tienen crédito perfecto. Si tienen una deuda incobrable (deuda incobrable es un término de crédito que significa que no pagaron la factura y se canceló, pero sigue pendiente), tal vez no sepas para qué es. Una mancha no hace que un inquilino sea una terrible posibilidad. Si alguien tiene muchas manchas o deudas incobrables, NO LO DEJES ENTRAR. Significa que están de acuerdo con no cumplir con sus obligaciones. Esto es un patrón para ellos y no quieres ser parte de ese patrón. Una mancha, puedo entenderlo ¿Dos? Tal vez bajo ciertas circunstancias y con una muy buena explicación ¿Pero tres o más? Para nada. ¿Harán el intento de alquilar tu casa? Sí, y tratarán de quedarse en ella lo más posible. Si tienes una mancha y excelentes referencias, estas bien conmigo. Te dejaría entrar. El reporte de crédito no es lo más importante para mí. Pero NO voy a dejar que se aprovechen de mí solo porque puedes inventar una buena historia de lástima. Todos tenemos problemas. No estoy bajo ninguna obligación de tomar tus problemas para mi propio daño financiero.

ESTABILIDAD DE EMPLEO

No es suficiente que alguien tenga un trabajo que paga lo suficiente para cubrir la renta, deben tener un historial de tener un empleo que cubra la renta. Cualquiera puede *obtener* empleo, el truco es mantener ese empleo. Si has tenido el mismo empleo durante al menos unos meses, tal vez esté abierta para ti como inquilino. Si lo has tenido por unas pocas semanas, voy a querer averiguar más. Si has tenido un empleo por años y cambiaste recientemente a un empleo que paga mejor, eso está bien. Si has estado desempleado por años, eso *no* está bien. Necesito saber que eres estable y que tu habilidad para obtener ingresos es estable. De lo contrario, tendré que lidiar con las consecuencias y no estoy interesada en eso. Hay poco margen de maniobra con un historial de empleo, pero es una de esas cosas en las que puedes usar tu instinto.

Está bien hacer preguntas, pero asegúrate de que no estés violando ninguna ley de discriminación cuando hagas las preguntas. A veces, por ejemplo, una mujer ha estado desempleada durante muchos años porque estaba casada y dependía de su esposo para recibir apoyo y ahora está recientemente divorciada o es viuda. O tal vez ella se quedó en casa con los niños porque los costos de la guardería eran más de lo que podía ganar y ahora son lo suficientemente mayores para ir a una escuela pública. Dependiendo de la situación, puede ser algo razonable con lo que puedes trabajar. Este es uno de esos tipos de situaciones donde tu instinto te puede controlar. Entre más hagas esto, más afinado estará tu instinto y sabrás cuándo hacer excepciones. Hasta entonces, consulta con tu mentor para ver que piensa.

REFERENCIAS

Revisamos las referencias y son importantes. Buenas referencias pueden superar muchos de los negativos. Siempre revisa las referencias de las personas y haz preguntas directas. Si tienen una mancha o dos en su crédito, pero tienen buenas referencias, es razonable y deberías poder trabajar con eso, se ve mucho en esta demografía donde los salarios son apretados y la inflación es alta.

Cuando hablo de referencias, siempre pregunto cuántas veces en un período de 12 meses la persona se ha atrasado en pagar sus cuentas. Si es una o dos veces, eso está bien. Cualquiera puede atrasarse una o dos veces. Pero ¿Tres o más? Esa es una bandera roja que no voy a ignorar. Hay atraso y hay *atraso*. ¿Cuándo se atrasan lo hacen por un día o dos, o están atrasado por un mes o dos? ¿Tienes que perseguirlos para que paguen o ellos lo pagan por sí mismos, con una disculpa y tal vez un plato de galletas caseras? Tengo una pareja retirada en una de mis propiedades que casi nunca se atrasan, y cuando lo hacen, se aseguran de hacerle saber a mi compañía de administración porqué y cuando lo pagarán (usualmente es por un error en los pagos de seguro social, lo cual sucede ocasionalmente).

No sé tú, pero yo no quiero tener que perseguir el dinero. Mi trabajo es proveer un lugar para vivir; el trabajo del inquilino es pagar por él. Debería ser así de simple.

Pero seamos claros, las referencias solo llegan hasta cierto punto. Ten en cuenta, si son un inquilino horrible, su casero actual puede que diga que son "buenos" para que se vayan de su propiedad. Todos hablan sobre decir la verdad y ser íntegro hasta que tienen un inquilino que siempre tiene excusas y nunca paga. Es más barato y fácil decir: "Fueron un buen inquilino" que decir la verdad. Así que las referencias no van a cierto punto si es que los puedes contactar.

No debes tener miedo, pero solo entiende, porque también he encontrado inquilinos maravillosos sin contactar sus referencias. Los detalles de quiénes son hacen la historia. Un padre que es un entrenador en una escuela secundaria local y tiene una hija que ve todo el tiempo. Una pareja retirada en seguro social. Una familia de cuatro con el papá y la mamá presente. Y sí, una madre soltera que era una ajustadora de seguros. Su historia y reporte de crédito proveyeron más información sobre qué tipo de inquilinos se mudaban que cualquier referencia.

Siempre tienes que poner las cosas en perspectiva cuando trabajas con una demografía diferente.

DESALOJOS Y REGISTROS DE LA CORTE

No voy a aceptar a un inquilino con un historial reciente de desalojos y demandas basadas en crédito. Hay un número de razones para esto. La más obvia es que si lo han hecho antes, lo harán otra vez. Si obligaron a un casero a ir a la corte para sacarlos, van a obligar a otro. Si forzaron a una persona a demandarlos para obtener su dinero, forzarán a otro. ¿No me crees? Pruébalo tú mismo entonces.

Pero hay otra razón más práctica y es esta: No quiero ser la segunda en la línea para obtener mi dinero. Una vez rechacé a un inquilino potencial porque ella tenía un juicio activo contra ella. No quería aceptarla porque ¿Y si la tuviera que demandar? No podía embargar su salario porque alguien ya lo estaba haciendo y no quiero tener que esperar. Es demasiado trabajo y quiero mi dinero ahora para que pueda seguir con el mantenimiento de esta propiedad.

Los registros públicos no siempre son claros y tampoco son 100% precisos, pero hay suficientes inquilinos allá afuera de quien puedes escoger que no tienen estos problemas como para molestarte con los que los tienen.

Sin embargo, hay circunstancias en las que puedo considerar a alguien con estos registros. Digamos que eres una azafata que vive en cuartos de moteles porque te han desalojado (historia verdadera, personas verdaderas). O tienes un trabajo que paga bien que no tenías antes y puedes dar una explicación. En este caso, si la razón por la que fueron desalojados suena razonable, puede que le ofrezca el alquiler si pagan la máxima cantidad en un depósito de seguridad (ósea la renta de dos a tres meses, es diferente según la ciudad) y la renta del primer y último mes. Si los tienes que desalojar por falta de pago de nuevo, al menos tienes el depósito de seguridad y la renta del último mes para recuperar tus costos. Yo lo haría de una vez, pero puedes entender que ellos tienen un umbral más alto para asociarse contigo en negocios y probar que ellos pueden cumplir con sus obligaciones ahora.

NO ES NADA DIFÍCIL OBTENER INQUILINOS GENIALES Y RESPETABLES

Leyes Federales de Vivienda

Hay muchas Leyes Federales de Vivienda que involucran discriminación y es importante que no las violes, especialmente en tu proceso de solicitud. Las agencias federales tienen personas que actúan como "compradores misteriosos" para ver si estás haciendo lo correcto. No intentes ser muy amable, no des consejos. Apégate a los hechos y se profesional. Lee las leyes de discriminación y asegúrate de que las cumples[7].

Una vez, alguien me llamó y me preguntó si tenía "cosas para silla de ruedas". No le di ninguna información innecesaria; solo le di el número telefónico de mi administrador de propiedades para que pudieran obtener una solicitud. No dije: "Bueno, um, el baño es algo pequeño y no sé si una silla de ruedas cabría ahí." Solo les dije dónde podían ir para llenar una solicitud. Mi administrador de propiedades conoce las leyes mejor que yo ¡Es por eso que contraté un administrador de propiedades! Cómo sabía que tenía el equipo correcto, envié a este inquilino potencial al miembro correcto del equipo que puede manejar esto por mí. La autoridad de viviendas envía agentes encubiertos que hacen esta pregunta solo para multar a la gente que viola las leyes y para enviar un mensaje a otros caseros. Con un poco de prevención, es muy fácil evitar problemas. Nota, con la población envejecido, invertir en una rampa y accesibilidad para silla de ruedas es

---

[7] Puedes encontrar La Ley de Vivienda Justa aquí: https://www.justice.gov/crt/fair-housing-act-2 y puedes encontrar más información en el sitio web del gobierno federal para el Departamento de Vivienda y Desarrollo Urbano.

lucrativo, así que no subestimes esta avenida para asegurar un flujo estable de inquilinos.

RESUMEN

Entre más estricto seas eligiendo quiénes serán tus inquilinos basado en asesoramiento práctico para esta demografía financiera, menos problemas tendrás en el camino. Soy estricta con los ingresos, historial de trabajo y registros de la corte, pero doy una opción para depósitos más altos y cuotas iniciales para pagar los costos de problemas de crédito si la causa de los problemas es razonable. Me gusta tener "ciudadanos respetables" en mis propiedades.

¡Ahora sabes cómo encontrar tu casa perfecta y cómo encontrar al inquilino perfecto para ponerlo ahí! Entiende la realidad de esta demografía socioeconómica y todos estarán en una situación ganadora.

LIBERTAD FINANCIERA PARA UNA MADRE, UN HOGAR SEGURO PARA OTRA

Janelle no le tenía miedo al trabajo. Una inmigrante en este país, ella tuvo dos trabajos desde que tenía 17 años. La vida solo era así; así fue para su propia madre que tuvo que mantenerse sin ayuda de nadie y así también sería para ella, al menos eso pensaba. Luego se casó, entonces ella y su esposo querían empezar una familia. Ella pensó sobre su futura vida. Ella deseaba estar con su hija en las tardes, no trabajando una segunda jornada en un restaurante. Ella quería poder darle a su hija lo que ella no tuvo, una madre que estuviera presente, que pudiera inscribirla en lecciones de ballet y futbol.

Janelle sabía que tenía que haber otra manera. Ella encontró mis videos de YouTube. Me dijo después que al principio pensó que era una estafa. Pero observó más y vio a gente real dando sus testimonios y finalmente me contactó.

Pude ayudar a Janelle a encontrar una casa que estaba a media hora manejando desde su casa por $34,000. Ella la arregló por su cuenta con muy poco dinero y casi de inmediatamente encontró a una mujer con dos hijas pequeñas para alquilarla. Esta mujer le recordaba a su mamá, trabajadora y rudimentaria y que solo buscaba un descanso. Ella me dijo después que no estaba segura de qué le gustaba más: obtener cheques de renta cada mes o saber que las hijas de su inquilina dormían seguras en un cuarto que ella misma les había pintado.

Ahora, Janelle es dueña de tres casas y tiene dos hijas. Solo trabaja medio turno y el resto de sus ingresos vienen de ser dueña de propiedades de alquiler con inquilinos geniales.

Definitivamente hay un aspecto espiritual y compasivo que puedes incorporar en tu estrategia de inversión y yo quiero que absolutamente tengas en cuenta eso cuando inviertes. Le provees a alguien una casa estable a cambio de renta y absolutamente deberías decirle a la gente que no solo has creado la vida de tus sueños, sino que lo hiciste de una manera que te hace sentir bendecido por ofrecer esta casa a personas que podrían beneficiarse de un poco de amabilidad y juego limpio en su camino.

CAPÍTULO 7

Los Administradores de Propiedades son la Clave

¿POR QUÉ USAR UN ADMINISTRADOR DE PROPIEDADES?

Cuando inviertes en vecindarios de clase trabajadora en los que no vives, los administradores de propiedades son la clave del éxito.

Como vivo en el área de Washington D.C., la cual no tiene muchas oportunidades de inversión inmobiliaria económicas, busco en las ciudades y estados vecinos con opciones más económicas. Estas pueden estar a una distancia de 30, 90 o incluso 400 millas. Quedándome local e invirtiendo en un vecindario de "clase A" puede significar un pago inicial de $100,000 para ganar $300 en flujo de efectivo al mes. No voy a pagar esa cantidad de dinero por ese ingreso, así que ¡A invertir Fuera del Estado! (O fuera de la ciudad).

No podría hacer esto sin tener un administrador de propiedades licenciado, calificado y habilidoso en mi equipo. Un administrador de propiedades es una persona (o establecimiento) que se ocupa de encontrar inquilinos para tu propiedad de alquiler. Se encarga del mantenimiento diario de la propiedad, responde a las inquietudes de los inquilinos y, cuando es necesario, presenta los desalojos. En otras palabras, ellos se encargan del negocio mientras tú te sientas y recoges el flujo de efectivo.

Puedo ser dueña de una propiedad de alquiler sin tener que ser una casera. Pero eso depende de ti, todas las personas son diferentes.

Soy alguien que verdaderamente quiere el estilo de vida de ingresos pasivos. Quiero los ingresos, pero no quiero reemplazar mi trabajo por otro. Lo quiero todo. Es por eso que antes de invertir en un mercado con mis clientes que están fuera del estado, nos aseguramos de que estemos claros en sus metas y de que haya varias opciones de equipos de administración de propiedades antes de ver las casas. Habrá más sobre ese tema en el Capítulo 9 – "*Invirtiendo Fuera del Estado*".

Algunas personas quieren manejarlo ellos mismos y hacer el trabajo. Mi esposo es uno de ellos. Él quiere tomar las llamadas y llamar al reparador el mismo. Si ese eres tú, entonces no es tan importante asegurarse de que haya gran cantidad de compañías de administración de propiedades para escoger. En su lugar, él puede confiar en un contrato hermético y tener una cláusula para todo lo que pase deletreado claramente para ayudarlo en sus esfuerzos. Este libro es para cualquiera que quiera ingresos pasivos, sin el trabajo de invertir o de ser un "casero" en sentido tradicional. Yo digo que soy una inversionista y dueña de una propiedad de alquiler.

La administración de propiedades es una industria madura que antes solía ser manejada por un amigo de la familia o un agente de bienes raíces como un ingreso adicional. Sin embargo, a medida que las inversiones en bienes raíces crecieron, se convirtió en una industria por su cuenta. Esta nueva industria se ha vuelto un jugador clave en facilitar los ingresos inmobiliarios pasivos que estamos buscando.

En teoría, los administradores de propiedades deberían hacer que tus inversiones en bienes raíces sean fluidas. Ellos deberían liberarte y permitir que tu portafolio tenga diversidad geográfica, ya que no tienes que estar en el lugar para administrar la propiedad o hacer las llamadas de mantenimiento.

Digo "En teoría" porque esto solo funciona si tienes un administrador de propiedades experto. Uno malo, uno ineficiente o alguien que simplemente no hará su trabajo puede causarte tanto estrés como si tuvieras que hacer todo el trabajo tú mismo.

Puedo obtener una propiedad en la mayoría de las ciudades, pero dejaré de invertir en una ubicación si no hay presencia. Si no quieres preocuparte por una propiedad a cien millas de ti o incluso a medio país de distancia, los administradores de propiedades son la respuesta. Yo dependo mucho en los administradores de propiedades para no tener que preocuparme de la administración diaria incluyendo presentarse en la corte en el caso de un desalojo, recolección de renta o reparaciones menores. Puedo estar de vacaciones bebiendo vino en el Sur de Francia o estar disfrutando el sol en una playa en Jamaica mientras los cheques de alquiler siguen llegando con la ayuda de un buen administrador de propiedades. El primero de cada mes llega así este en el lugar o no.

Estaba en unas grandes vacaciones en Nueva Zelanda, reuniéndome con mi esposo (en ese tiempo) después de que él pasara un año en Afganistán. Recibí un correo electrónico de mi compañía de administración de propiedades que decía que el aire acondicionado se había dañado en una propiedad de alquiler en

Richmond, VA. Mi administrador se encargó de eso y me dijo que la reparación costaría alrededor de $250. Fue reparado enseguida, mis inquilinos estaban felices, yo estaba feliz y mis vacaciones no fueron arruinadas. Esa es la vida que obtienes con el equipo de administración de propiedades correcto y la razón por cual es importante tener eso en cuenta antes de adquirir tu primera propiedad.

Aprendí a hacer esto de la misma manera que aprendí la mayoría de las cosas, de la manera difícil. Aprendí que los administradores de propiedades malos e inescrupulosos pueden cobrar la cuota del mes aún si la propiedad está vacante, y a veces la *misma* cuota mensual. Este es un mal modelo de negocios para ti porque ¿Qué incentivo tienen ellos de llenar la propiedad? Igual les van a pagar y ellos no tienen que hacer ningún trabajo cuando la propiedad está vacante. Alguien te dirá: *"Estamos mostrando el lugar; estamos promocionando el lugar; nos debe pagar por eso."* Pero eso no es verdad. Hay mejores compañías de administración que no reciben pagos cuando está vacante la casa y ¿Por qué deberían? A menudo, ellos simplemente están poniendo la propiedad en un listado como vacante y otros agentes la están mostrando. Mi consejo es este: Escoge otro equipo de administración si cobran por propiedades vacantes a menos de que tenga una reputación absolutamente impecable.

Tenía propiedades en Baltimore y estaba a punto de renunciar, estaba tan frustrada. Estaba a punto de vender mis inversiones debido a una falta de competencia en el equipo que tenía ahí. Muchos de los administradores de propiedades me cobraban cuando la casa estaba vacante. Incluso durante los principales meses de verano, las casas estaban vacías. Yo *sabía* que no estaban haciendo su trabajo y estaba al final de mi cordura.

Ahí fue cuando me enteré de NARPM, pronunciado NAR-pam. NARPM significa Asociación Nacional de Administradores de Propiedades de Alquiler por sus siglas en inglés y puedes encontrarla aquí: www.narpm.org. Mantén este increíble recurso al alcance y úsalo en cualquier momento que inviertas en propiedades en una nueva ciudad. Puedes ir a la página web y poner un código zip o el nombre de una ciudad y ver cuántos administradores de propiedades están registrados. Si no tienen alguno o solo uno o dos, tal vez quieras mantenerte alejado de ese lugar. Si hay muchos, estas bien. Por ejemplo, una ciudad como Savannah, Georgia, que tiene muchas propiedades de bajo costo y renta alta, tiene 12 resultados en NARPM. Eso significa que tal vez tendrás éxito ahí. Mis otras dos fuentes para encontrar administradores de propiedades de alta calidad son Angieslist.com y BBB.org (Better Business Bureau).

Cuando descubrí NARPM, envié un correo electrónico a todas las personas en el listado de Baltimore y encontré un grupo sólido de administración de propiedades.

Muchos de ustedes, como yo, simplemente no pueden encontrar propiedades a bajo costo con renta alta en la ciudad en donde viven. Sin embargo, las propiedades de bajo costo con renta alta existen cerca de Baltimore, MD y Richmond, VA. Puedo hacer que funcione porque tengo un grupo licenciado en administración de propiedades sólido que puede lidiar con propiedades en cada lugar por mí. Hacen que todo, incluso la rehabilitación de nuevas propiedades sea fácil.

Estoy más establecida en Richmond y todo está saliendo perfecto ahí y también en mi propiedad en Columbus. Baltimore es un caso especial, pero te puedo contar más al respecto en mi grupo de Facebook: *Sub30k Mastermind Group*

Facebook.com/groups/Sub30kMastermindGroup.

Cuando empiezas con un nuevo equipo de administración de propiedades, asegúrate de leer el contrato completo y de hacer preguntas. Ten un modelo de preguntas para hacerle a todas las compañías para asegurarte de ser consistente (En la parte inferior puedes ver donde hablo acerca de que preguntarle a un administrador de propiedad y por qué deberías hacer esas preguntas). Normalmente obtengo una lista de 10 posibles compañías de administración de propiedades y les envió las preguntas por correo electrónico a todas en una sola sesión. Es así de fácil. Porque sabes qué preguntar y POR QUÉ estás preguntándolo.

Una vez que estés trabajando con una buena compañía de administración de propiedades, debería ser fácil. La renta debería venir en intervalos regulares. Puede que te llamen con preguntas de vez en cuando o te envíen notificaciones por correo electrónico. Cuando algo sale mal, ellos deberían encargarse de aquello sin involucrarte si no es algo mayor. Ellos te avisarán después del hecho. Para eso les estas pagando.

Entre más sistemas tengas en funcionamiento, más dinero ganarás incluso mientras duermes. La administración de propiedades es uno de esos sistemas.

Hay un libro que se llama: *Por qué los Estudiantes de "A" Trabajan para Estudiantes de "C" y Por qué los Estudiantes de "B" Trabajan para el Gobierno* escrito por Robert Kiyosaki. Una de las premisas del libro es que los estudiantes de "A" trabajan duro, pero los estudiantes de "C" son maestros en hacer que otras personas hagan el trabajo duro por ellos. Los estudiantes de "A" tienen algo que aprender de los estudiantes de "C" sobre la administración del tiempo. Haz un análisis costo-beneficio y reconoce que el tiempo es dinero. Deja que alguien más haga el trabajo por ti. ¿Por qué estás lidiando con renta atrasada y una luz piloto o calentador dañado cuando la compañía de administración de propiedades se podría encargar de eso por ti?

Las inversiones en bienes raíces son más que solo tener dinero para invertir. Es un negocio y requiere administración. La administración requiere administradores de propiedades que sean profesionales que conocen su industria. Tal como tú contratas a un plomero para hacer la plomería, ¡Contrata a un administrador de propiedades para hacer la administración de la propiedad! Puede hacer crecer tu negocio de inversión en bienes raíces más rápido y de manera más eficiente.

Una vez que descifras la fórmula, cada caso se vuelve mucho más fácil. Tener un equipo establecido hace que todo fluya. Cuando compré mi primera casa hice todo yo misma. Era mucho trabajo, estaba feliz de hacerlo para convertir mis sueños en realidad, pero era agotador. En la última casa que compré, todo lo que hice fue comprar la casa, alguien más hizo lo demás y hicieron todo el trabajo por mí. Ahora lo único que hago es leer correos electrónicos y responder debidamente. Es más tranquilo y mucho más pasivo. Puedo leer un correo electrónico en cualquier parte del mundo. ¡Es mucho mejor que mi cubículo en IBM!

Mi meta es ser dueña de siete casas, todas completamente pagadas. Estoy bien encaminada a esa meta y se siente maravilloso.

QUÉ PREGUNTARLE A UN ADMINISTRADOR DE PROPIEDADES

A continuación, he colocado mi lista estándar de preguntas que le hago a los administradores de propiedades. Cuando hago estas preguntas, en lugar de llamarlos y preguntarles, las pongo en un correo electrónico. Envió el mismo correo electrónico a todos los administradores de propiedades que estoy entrevistando al mismo tiempo, uso la copia de carbón oculta (CCO) en cada uno de ellos para que no sepan que no son los únicos recibiendo el mensaje. Les digo que trabajo durante el día y que no puedo recibir llamadas telefónicas y que prefiero una respuesta por correo electrónico. Esto hace que sea mucho más sencillo comparar sus respuestas. Puedo imprimirlas y ponerlas una junto a la otra físicamente. También asegura que respondan las preguntas que hice en lugar de redireccionar la conversación de la manera que quieran o que me digan sus líneas de ventas preparadas. Esto me ahorra tiempo y es una manera más estratégica de acceder al posible talento.

Debajo de la lista de preguntas, proporcionó más explicaciones sobre las preguntas en sí y por qué he decidido incluir esa pregunta en particular en mi modelo. Puedes agregar más a esta lista o cambiarla como te parezca para que se ajuste a tus necesidades, pero recuerda: He compilado esta lista a través de años de prueba y error. He cometido muchos errores en el camino para refinar esta lista que me da la información que necesito. Puedes aprender de mi experiencia.

El Modelo:

1. **¿Cuáles son sus cuotas de establecimiento y sus cuotas mensuales después de eso?**

Normalmente las cuotas son 7-10% de las cuotas mensuales de alquiler. Estoy dispuesta a pagar un poco más por un administrador de propiedades que sea realmente bueno. Llega a ser un "cinco" en una escala del uno al diez en importancia para mí. No estoy enfocada en el dinero, me enfoco en la calidad. Si cobran una cuota de arrendamiento, podría no influirme mucho si supiera que van a hacer lo que dicen que van a hacer. Pagaré más por mejores resultados.

2. **Mi propiedad es una casa de ___ dormitorios y ____ baños localizada en la Calle _____ en el Estado de _____. ¿Ha alquilado en esta área antes? ¿Cuánto se tarda en llenar las casas vacantes en esta área? ¿Recibe más inquilinos de Sección 8[8] o más inquilinos de mercado en esta área?**

Es importante para mí que los administradores de propiedades con los que estoy trabajando estén familiarizados con este mercado en particular. Como trabajo con vecindarios de clase trabajadora e inquilinos de bajos ingresos, quiero que mis administradores de propiedades sean experimentados en lidiar con estas casas y este tipo de inquilinos y que entiendan íntimamente la cultura socioeconómica. Si puedes elegir entre alguien que tiene experiencia en esta área y alguien que no, escoge a la persona con experiencia siempre. Quieres vacancias cortas y alguien que sepa cómo lidiar con la Sección 8 será mejor reduciendo el tiempo de vacancia y no lo va a estropear en el camino. No quiero administradores de propiedades que aprendan el proceso mientras trabajan conmigo y con mi dinero. En este

---

[8] La Sección 8 se refiere a la Sección 8 de la Ley de Vivienda de 1937 y es un programa del gobierno federal que provee asistencia con viviendas a americanos pobres y personas mayores. Tiene directrices que deben ser seguidas, tanto por el inquilino como por el casero, para que todos califiquen. Cuando se hace correctamente, puede beneficiar a ambos, inquilino y casero.

mercado, hay muchas personas que saben cómo hacerlo. Hay suficientes dolores de cabeza que vienen con el territorio, no agregues otro encima. Y definitivamente no contrates a alguien que se siente superior a una persona de clase trabajadora que solo desea encontrar un lugar para vivir. Eso no. Ellos no son tu socio de negocios ideal.

3. ¿Cuáles son sus cuotas de mantenimiento y límites?

Esta pregunta es enorme en mi libro, especialmente los límites. A veces, te cobran una pequeña cuota mensual y lo compensan en lo que cobrarán por reparaciones, te cobran de más por las reparaciones o están tomando un porcentaje de las reparaciones. Me gusta que el límite sea $250. Esto significa que por cualquier reparación por debajo de los $250, ellos no necesitan mi aprobación. Algunos administradores de propiedades quieren tu aprobación para todo y eso no funciona para mí, después de todo, ¿No es el punto de tener un administrador de propiedades que no tengas que lidiar con todo lo que sale mal? Si tienes que cambiar un fusible de $5 ¡No me molestes al respecto! Por otro lado, no quiero que gasten mucho de mi dinero sin mi consentimiento. Por eso me gusta el límite de $250. No tengas miedo de negociar. Si en el contrato que te ofrecen dice $500, pregúntales si pueden bajar ese límite a $250. Si no lo hacen, no haría negocios con ellos. Ese número puede variar dependiendo de tu nivel de comodidad. Después de hacer esto por muchos años, $250 es el número al que he llegado que me hace sentir cómoda. Tu nivel de comodidad puede que sea diferente y eso está bien.

4. ¿Cuántos miembros del personal a tiempo completo y tiempo medio administran sus propiedades?

La respuesta "correcta" a esta pregunta puede variar, dependiendo de la respuesta a la siguiente pregunta…

5. ¿Cuántas propiedades administran?

Una vez entrevisté a un administrador de propiedades que se encargaba de cien propiedades y lo hacía todo él mismo. No estaba impresionada con eso. Era demasiado y sabía que no había forma de que se pudiera concentrar en mis propiedades. Entrevisté a otro administrador que tenía doscientas propiedades, pero eso estaba bien ya que tenía diez empleados. Necesito saber que alguien podrá responderme de manera oportuna y enfocarse en mis necesidades. Equipos de un solo hombre están bien siempre y cuando tengan un número limitado de propiedades, digamos menos de cuarenta, pero no más de ahí.

6. ¿Cuántas de las propiedades que administran les pertenecen?

No soy muy fanática de administradores de propiedades que son dueños de propiedades que administran. Para mí, es como un conflicto de intereses. Parece obvio que se enfoquen más en las propiedades en las que tienen un interés personal que en las mías. También parece que tendrían más incentivo de rentar sus propias propiedades antes que las mías si ambas están vacantes al mismo tiempo. Si son dueños de 25% o más de las propiedades que administran, eso es un "no" definitivo. Prefiero que no sean dueños de ninguna propiedad que administren, pero a veces, eso es no es realista.

7. ¿Tienen algún cargo de cancelación anticipada si nuestras necesidades mutuas de negocios no se satisfacen?

No soy fanática de los contratos en los que estoy atrapada por largos períodos de tiempo. Ya tengo un teléfono celular, el contrato de un administrador de propiedades no debería ser como un contrato de telefonía celular, no debería tener que pagar cientos de dólares si quiero salir del contrato en menos de dos años. Y francamente, no sé por qué querrían estar atascados conmigo. No nos beneficia a la compañía ni a mí el estar atascados en una relación de negocios insatisfactoria. Entre más frustrada este, es más probable que ponga una queja en Better Business Bureau y escriba una mala reseña en Yelp o que presente una demanda civil. Eso no ayuda al propósito de nadie. Es mejor para todos si hay una cláusula de "escape" de 30 días en el contrato. Cuando alguien acorrala al tigre, es ahí cuando es más feroz, y si me acorralas a mí, ahí es cuando soy más peligrosa para ti. Debe haber una forma para que los dos salgamos de esto si no está funcionando.

Ten en cuenta que asociarse con tu negocio de inversiones en bienes raíces es un arte apacible y te estoy enseñando algunas habilidades para navegar. No asumas que todos querrán tu negocio, sé cauteloso y protégete a ti mismo lo más posible en tus contratos. Estas son reglas de la vida. Si alguien es excelente en todas las áreas, pero quiere un límite de $500 para arreglar los problemas ellos mismos o contactarte, balancéalo contra otros factores. Puede que sea la mejor decisión comprometerte en algunas áreas y alimentar una relación beneficiosa que esperas que dure por muchos, muchos años. No seas muy estricto, pero si puedes ser firme.

UNA VIDA CAMBIADA Y UNA MUDANZA A UN MERCADO RICO EN INVERSIONES

CASO DE ESTUDIO

David encontró mis videos en YouTube y se dio cuenta de lo fácil que era renovar casas usando dinero prestado en tarjetas de crédito de minoristas con cero por ciento de interés y luego alquilarlas por un flujo de efectivo instantáneo. Usando mis fórmulas para encontrar casas e inquilinos, su costo mensual es de alrededor de $350-$400 por casa. Él gana $750-$800 en renta. ¡Es 100% de ganancia! Usando administradores de propiedades, él se puede relajar y recolectar $400 *al mes por casa* ¡SIN NINGÚN ESFUERZO! Para hablar con David y con otros, únete a nuestro grupo alentador y acogedor de inversionistas en:

Facebook.com/groups/Sub30kMastermindGroup/

CAPÍTULO 8

Empleando Contratistas de Calidad

Ahorras dinero cuando compras casas económicas en vecindarios de clase trabajadora, pero no quieres ser "tacaño" cuando se trata de contratistas. Escoger a un contratista puede ser uno de los mejores y más irritantes aspectos de las inversiones en bienes raíces.

Compraste la casa y eso es genial, pero muchas veces todavía tienes mucho que hacer antes de que la puedas alquilar e iniciar tu flujo de efectivo. Pueden ser unas cuantas reparaciones menores o una renovación grande. De cualquier manera, la búsqueda de contratista y obtención de estimados se vuelve relativamente más tranquila a medida que mejoras en evaluar las capacidades de tus futuros "empleados temporales". Después de haber hecho esto por un tiempo, he adquirido un nuevo respeto por los gerentes de contratación en la América corporativa. Encontrar buenas personas para hacer un trabajo puede ser difícil cuando estás empezando.

En este capítulo, voy a hablar sobre cómo diferenciar a contratistas buenos de los contratistas malos. Cuando las cosas salen mal, y créeme que van a salir mal incluso con las mejores personas, hablaremos de la mejor manera para lidiar con eso para que obtengas los resultados que quieres. Después de todo, recuerda: Las fotos son tu mejor amigo.

ENCONTRANDO A UN CONTRATISTA DE CINCO ESTRELLAS

Al igual que la mayoría de las personas que han invertido en propiedades de alquiler, he escogido a los contratistas incorrectos, pero aprendí rápidamente de mis errores. Así que, puedes seguir mi consejo y aprender de mis errores o puedes cometerlos tú mismo, tú eliges. Siento que digo esto demasiado, pero he visto a tantas personas ignorar lo que digo y después arrepentirse. No quiero que estés en esa posición.

Si no tienes un contratista de confianza con quien trabajar, tienes que buscar uno. Por supuesto, la mejor manera de encontrar uno es por recomendaciones. Si conoces a alguien que ha tenido éxito trabajando con un contratista en esa área, ese es el mejor camino para seguir. Si eso no es posible (en el caso de que estés invirtiendo fuera del estado y todavía no tengas una red establecida de inversionistas inmobiliarios para pedirles consejo), los principales "motores de búsqueda" en que confío para este trabajo son Service Magic y Angie's List. Muchas personas prefieren Service Magic porque es gratis, pero me gusta Angie's List. No es tan costoso, solo $35 que son deducibles de impuestos al año [Desde el 2019, Angie's List ya no cobra una cuota ¡Así que es aún mejor!]. No es que Service Magic sea malo, pero en mi experiencia, hay un nivel de profesionalismo que obtengo consistentemente con personas que anuncian en Angie's List que no obtengo en ningún otro lugar (probablemente porque al contratista le cuesta un poco más responder a cualquier reseña en Angie's List). Eso también es bueno para ti, si están dispuestos a pagar para responder reseñas, eso significa que han aprendido cuán importante es su reputación en línea. Es alguien que demuestra que les importa lo qué piensa el mundo y te debe gustar eso porque sabes que siempre puedes escribir una reseña por mal desempeño, con fotos, para asegurar un gran final a tu relación de trabajo. Es doble ganancia, obtienes a alguien que se apoya en su trabajo y reputación, pero también tienes algo para defenderte (junto con un gran contrato bien definido) en caso de que no cumplan lo prometido. Como regla general, las personas que están dispuestas a invertir en sí mismas y su negocio se enorgullecen de su trabajo.

Yo solo hablo con contratistas que tengan cinco estrellas en Angie's List. Angie's List también tiene un "Premio al Servicio". No estoy segura de cuál es su criterio para otorgar ese premio, pero si puedes encontrar a alguien que lo ha ganado, está prácticamente garantizado que el servicio que ofrece será excelente.

No tengo tiempo para lidiar con personas que no tengan reseñas estelares. Solo cinco estrellas. Estas son personas que les importa satisfacer a sus clientes y yo soy una clienta que quiere ser satisfecha. A veces… ¡A veces! Si alguien tiene muchas reseñas de cinco estrellas y una de tres estrellas enterrada por allí, leo los detalles de la reseña de tres estrellas para ver si solo es una persona malhumorada quejándose de no haber recibido una llamada telefónica devuelta lo suficientemente rápido para su gusto. Puedo vivir con eso. No puedes complacer a todo el mundo todo el tiempo, pero puedes obtener una idea de cómo opera esta persona a través de las reseñas.

Esto me recuerda una historia de cuando estaba renovando mi propiedad en Richmond. Tengo un administrador de propiedades maravilloso ahí y le pedí que revisara el trabajo que había hecho el contratista general (no tenía ganas de hacer un viaje de dos horas y había contratado a su compañía específicamente para monitorear las renovaciones cuando fuera necesario). Ella llegó y revisó el trabajo que hicieron en el piso, aparentemente, se les olvidó el recubrimiento (ese es el contrapiso suave que ponen debajo del piso laminado para que esté acolchado) y esa parte del suelo hacía ruido porque había un espacio vacío debajo. No era el mejor trabajo ¿Verdad? Ella grabó un video ahí mismo con su teléfono y me lo envió por correo electrónico. Igualmente, se lo envié al contratista general 5 minutos después de recibirlo y fue reparado al día siguiente.

¿Lo ves? Era un contratista en línea que se preocupa por su reputación, ellos sabían que podía subir ese video y mostrar el trabajo, contrato, todo. Así que lo arreglaron sin ninguna explicación y rápidamente. Tenía un sistema establecido para que el administrador de propiedades revisara una propiedad a la que no podía (o no quería) viajar físicamente. Jaque y mate. Todo funcionó bien, especialmente porque este era un contratista de cinco estrellas que se preocupaba por las reseñas.

Confía en mí, he tenido algunos tontos de craigslist que tenían múltiples comentarios diciendo que eran estafadores, pero como solo eran comentarios, no podía vincularlos directamente. Estos sitios de reseñas en línea realmente funcionan.

Un contratista que tiene muchas reseñas de cinco estrellas tiende a ser un poco más caro, pero está bien. Ahorraste dinero con una propiedad de $50,000 comparado con a una de $150,000, así que paga lo necesario por el trabajo de calidad para que no tengas que hacer reparaciones cada 5 meses. Usualmente no es exorbitantemente alto y a largo plazo, te ahorrará dinero al no tener que corregir sus errores o rehacer el trabajo cuando se desmorone en unos años. Estoy dispuesta a pagar por trabajo de calidad. Vale la pena a la larga.

ESTIMADOS

Una vez que hayas reducido tu lista de contratistas para el trabajo, obtén al menos tres estimados. Mientras más tengas, mejor será. Estarás sorprendido por los rangos de precio que verás. Podrías tener una oferta para hacer plomería completa o un trabajo con el techo y puede variar de $2,800 a $12,000. En serio, he recibido estimados para un trabajo de plomería y un rango así para el techo, ambos para la misma casa. ¡Es una locura! Me pregunté por qué desperdiciaba mi tiempo. No siempre obtienes consistencia con equipos pequeños. Me tomó mucho tiempo darme cuenta de que a veces no quieren mi negocio. Tal vez están saturados esa semana o tal vez su primo se está casando fuera del estado y preferirían no trabajar. A veces se ponen un precio excesivo pensando que no lo aceptarías, pero si lo haces, ellos se ganan el premio mayor.

También aprenderás la diferencia entre un equipo pequeño de contratistas generales y uno grande. Algunos electricistas y plomeros eran hombres solteros que tenían una van y sus herramientas. Algunos eran como Roto-Rooter, una gran franquicia local con 12 vehículos y 30 personas trabajando. Por el mismo trabajo, había una gran diferencia de precios, calidad y velocidad. El equipo más pequeño puede ser más barato, pero se tardarán una semana en un trabajo grande en comparación a un día con una gran empresa contratista. Todos estos factores pueden ser definidos, pero tendrás necesidades donde la velocidad (o estar disponible para una emergencia o reparaciones nocturnas) será requerida y un factor más importante. Responde respectivamente y entiende sus límites y expectativas también. Cuando hago esto, el negocio entre los contratistas y yo va mejor, porque ya estoy contando para ese tipo de negocio y no estoy tan impactada con el precio.

Además, con los contratistas, no te pongas arrogante al pensar que tienen que tomar tu dinero en tus términos. ¡No lo hacen! En algunos lugares solo hay una cantidad limitada de compañías de reparación y tienen bastante trabajo. Si ustedes no se llevan bien, pueden ser rápidos en rechazar tu negocio y simplemente no devolver tus llamadas (o lanzar un estimado extremadamente alto). ¡No hay garantías! Tienes que construir una relación para que ellos hagan lo mejor para ti. Hay una manera de hacerlo sin quemar puentes si estás inclinado a ser extremadamente rígido (como yo lo fui).

Al final, tienes que confiar en tus instintos. Habla con los contratistas, lee las reseñas, pide que te muestren fotos de trabajos que han hecho. Hoy en día, cuando todos tiene un teléfono inteligente, no hay razón por la que no puedan mostrarte unas fotos de los últimos trabajos que han hecho. Tómalo todo. Deberían estar orgullosos del trabajo que han hecho y felices de mostrártelo. Deben estar listos con una lista de referencias. Observa la imagen en general y compara los estimados.

CONTRATOS

Sobre los contratos, asegúrate de que estén bien detallados. "Reacondicionar la plomería" puede significar algo diferente para ti y para el plomero. Hace poco, obtuve un estimado para reacondicionar la plomería de una propiedad y eso era todo lo que decía. Les respondí el correo electrónico diciendo: "Su oferta no estaba detallada. Necesito asegurar de que incluya la manguera del frente y la de atrás, una válvula de cierre, una instalación de ducha en el baño del segundo piso, un nuevo lavamanos en el cuarto de lavandería, un drenaje en la cocina" y seguí de allí con bastante detalle. He aprendido que si no lo escribes pasará una de dos cosas: No se hará el trabajo o se hará, pero te cobrará extra porque "no estaba incluido en el estimado original". Escríbelo o pídeles a ellos lo hagan. Insiste en ello para asegurarte de que tengas todo. De lo contrario te abres a errores de comunicación, articula. Asegúrate de que ellos sepan que te vas a molestar si X no está hecho o si te cobran extra por Y.

Y, dependiendo del precio que está directamente escrito en el estimado (El contrato), siempre debes tener diferentes partes por cual ellos son responsables. Por ejemplo: por un contrato general de trabajo de $15,000 yo tuve tres partes. Hice el 1er pago cuando la parte X fue completado, el 2do pago cuando la segunda fase fue completada y la 3ra fue pagada al finalizar. Por un trabajo de $60,000, el estimado era cuatro partes de $15,000 cada una. El beneficio de esto es que tu solamente pagas cuando el trabajo ha sido completado y estás satisfecho. Si no hacen la primera parte bien entonces: 1) no pagas por la segunda porción y 2) puedes retenerlos en la primera parte si lo escalas.

Puedes comparar fácilmente lo que se ha hecho con tu contrato detallado y qué reparaciones fueron incluidas en cada fase. Si el reemplazo de un inodoro está ahí y no lo hicieron, adivina que...toma una foto y escálalo cuanto sea necesario, pero minimiza tus riesgos. Esta ha sido la habilidad más importante que he aprendido y hace que sea muy fácil gestionar un trabajo. El contratista recibe MÚLTIPLES pagos, por si tenemos que separarnos si es necesario. Si no haces nada, aprende esta habilidad por favor. En el flujo de la conversación, ellos me entregarán un estimado detallado y yo les pido hacerlo en 3 partes, así que ellos reciben su paga en 3 partes a medida que finalizan cada parte del trabajo. Y lo programas/ordenas de manera que tenga sentido. Todo el mundo lo ha hecho y te hace la vida mucho más sencilla. No te preocupes, sean local o fuera del estado, solo tenlo escrito y sé claro: no te pagaré por X hasta que completes Y.

Y déjame decirte, ellos SIEMPRE van a pedir X antes de terminar Y. Lo que eso significa es que tu educadamente les dices, como yo lo hice, que no vas a pagar la siguiente parte hasta que la primera esté lista como dice el contrato. Tuve un contratista general que estaba retrasado una semana. Cuando pidieron su dinero por adelantado para la siguiente sección (como ellos inevitablemente lo hacen), educadamente les dije que no recibirían el pago hasta que la parte atrasada estuviera lista. ¡Vaya! Déjame contarte: Terminaron esa sección en 2 días y enviaron fotos. Eso es poder. Así es como te posicionas para el éxito. No puedo cubrir todo en este libro, para eso está mi capacitación 1 a 1 y mis capacitaciones grupales que están disponibles a precios razonables. (Programa una llamada para una sesión inicial de estrategia por $45 aquí: http://lisa-phillips.thinkific.com/courses/1-on-1-mentoring) Pero esto te pondrá en el camino del éxito.

Otra cosa que he notado es que los contratistas con alta calificación son mejores trabajando con tu calendario. Recientemente compré una casa que necesitaba un trabajo de HVAC y de plomería. Tuve que coordinar esas dos cosas, los trabajadores del HVAC y los plomeros necesitaban estar uno fuera del camino del otro. Pude hacer que hablaran entre ellos y trabajar alrededor del horario de ambos. Luego, cuando cambié de opinión en cuanto a lo que quería hacer, ellos pudieron trabajar conmigo y ser flexibles. Esa es la ventaja de trabajar con personas de calidad y que no están buscando exprimirte cada centavo.

CUANDO LAS COSAS SALEN MAL

Inevitablemente, algo saldrá mal. Esto no es solo por la ley de probabilidades, sino porque los contratistas son humanos y todos los humanos ocasionalmente cometen errores. También, por la naturaleza de la industria, las personas que trabajan en el campo y trabajan duro tienden a rotar y a veces hay buenos trabajadores y a veces no. Es difícil encontrar buenos empleados, especialmente cuando estamos hablando de trabajos extenuantes y difíciles como puede ser la construcción.

Entonces, ¿Qué se puede hacer? Como esta es tu casa, tu negocio y ojalá, tu pasión, es posible que te enojes con las cosas que no salen como deberían. Eso es natural y comprensible. No estoy diciendo que no deberías enojarte. Lo que te estoy diciendo es que la manera en la que expresas tu emoción puede ser la diferencia entre obtener un buen resultado al final o hacer que las cosas empeoren. Y a todos no les gusta la confrontación, especialmente con alguien al que ya le pagaste para terminar un trabajo.

A veces debes escalar el problema. Por "escalar", no digo que recurras a la violencia física o a algo drástico. Quiero decir que tomes el método de resolución al siguiente nivel. Empleaste a un contratista y estas enojado porque piensas que hicieron un mal trabajo por el cual pagaste un buen dinero. Tu dinero es bueno sin importar cuánto pagaste por el servicio. Ya sea un trabajo de $50 o de $5,000, debes recibir lo que pagaste. No importa si es alguien que conseguiste en Craigslist o un profesional con altas calificaciones. Le pagaste al alguien para hacer un trabajo y ellos no cumplieron con su parte del trato. Eso es irritante.

Pero aquí está la cosa, los americanos tienen un dicho: Atrapas más abejas con miel que con vinagre. Es un hecho. Cualquiera que trate ser estratégico entiende esto. Puedes tener un tono iracundo y molesto, pero eso no hace que la gente se mueva. Se comprensivo, trata de construir algo, trata de entender su punto de vista y haz que hagan algo por ti, no por su bien necesariamente, pero por el tuyo. Hazlo porque es la manera más efectiva de hacer que hagan lo que tú quieres.

Si te "engañaron", puedes tratar de salvar esa situación o agravarla. No sé tú, pero prefiero salvar las cosas que empeorarlas. No todos tienen un tacto fino, así que su manejo de la situación hace que las cosas empeoren lo cual, honestamente, es lo que solía hacer antes de aprender a hacerlo mejor. Hace cinco años, era muy abrasiva. Estoy segura de que callé a muchas personas. Tuve que aprender cómo hablarles a las personas para que hagan lo que quería.

En este negocio lidio con contratistas que son hombres mayores que casi siempre piensan que lo saben todo. Saben mucho, pero su actitud tiende a ser que saben más de lo que en realidad conocen y que su conocimiento es irrefutable. Me molesta un poco, bueno, *mucho,* pero lo tolero para salvar la situación.

Hay dos cosas que puedes hacer. Primero, toma fotos de cualquier cosa que no se haya completado correctamente. Inmediatamente ve a la administración más alta o con los dueños de la compañía. Un correo electrónico bien colocado con una foto que muestre las cosas con las que no estas satisfecho te dará fuertes resultados. Lo hago inmediatamente sin ninguna emoción. Sugiero que vayas directo al punto también.

El fin de semana pasado, tuve unas personas trabajando en una de mis casas. Me dijeron que habían terminado y fui a inspeccionar los resultados. Había basura por todos lados y yo tomé fotos. Escalé la situación inmediatamente al enviarle un correo electrónico al dueño de la compañía con una foto del desastre en el cuarto de atrás. Dije: "Por favor programe que alguien venga y recoja este desastre. Fotografía adjunta". Eso es todo. Eso fue todo lo que dije. Sin amenazas, sin apertura o cierre. Simple, directo y al punto. ¿Estaba irritada y muy molesta? Absolutamente. ¿Se entendió eso? Por supuesto. ¿Los insulté y les grité? No. ¿Volvieron y lo limpiaron? Sí. Fueron amables al respecto e incluso arreglaron unas cosas extra para mantenerme feliz. Ellos querían una buena reseña y negocios futuros conmigo.

La razón por la que compartí esto es porque soy una guerrera natural. Mi primer instinto es ¡PELEA! No el amor. Así que, estoy demostrando lo que he recorrido para ir de PELEAR a vamos a hablar al respecto primero antes de amenazar con una demanda. Todos son diferentes, pero para los guerreros allá afuera, ¡Esto es para ti!

Descubrirás que con las compañías pequeñas es fácil hablar con el dueño o director ejecutivo. Esto no es Target o Home Depot donde hay capas de administración. Investiga y descifra con quien estás hablando. Unas cuantas casas atrás, tenía a estas personas instalando mis canaletas, lo cual es parte de hacerla resistente al agua. Me prometieron que el trabajo estaría listo en seis u ocho semanas. Después de tres meses, todavía no estaba listo (no era crítico). Seguía llamando al vendedor que me dijo que era el supervisor en jefe y no llegué a ningún lado. Les dejé una mala reseña en Angie's List e inmediatamente recibí una llamada del dueño preguntando por qué no lo llamé cuando las cosas salieron mal. Estaba furioso porque sus empleados no habían actuado bien y habían manchado el nombre de su negocio. Después de hablar con él me di cuenta de que si hubiera hecho mi propia investigación para saber quién era él y lo hubiera llamado, estoy segura de que las cosas se hubieran resuelto rápida y efectivamente.

Puedes enojarte si quieres. Eso es normal y natural. No quiero tener que decirle a un contratista que haga su trabajo bien. Ellos deberían hacerlo correctamente sin que yo me involucre. ¿No es por eso que les estás pagando? Pero gritarles, insultarlos o amenazarlos no te ayudará en esta situación. La relación contratista-inversionista esta MATIZADA, por eso quiero que leas esto primero y entiendas tu posición, tú los necesitas y ellos te necesitan, pero si ya les pagaste, no quieres que renuncien en medio del proyecto y hacerte perder tu inversión.

Asegúrate de manejar los desacuerdos de manera que no te cuelguen las llamadas o no te quieran ayudar. Le puedes gritar a tu gato, golpea una almohada, quéjate con tus amigos, pero no hagas estas cosas con o delante del culpable. No porque no se lo merezca, sino porque solo va a empeorar las cosas. Tu meta es resolver esta situación. Mantén esa meta en mente y no dejes que tu furia la sabotee.

El segundo truco es ser claro con lo que quieres. No solo digas: "No me gusta la manera en que hicieron esas canaletas". Di: "Necesitas extender las canaletas al menos otras seis pulgadas desde la casa". Toma fotos e indica en ellas exactamente lo que está mal con lo que se ha hecho. Cuando dicen que una imagen vale más que mil palabras, es porque es verdad. Entre más específico seas, más probable que obtengas lo que quieres. "Mueve esta cosita un poco más cerca de la otra cosita" puede que no te dé algún resultado útil. "Mueve la luz de seguridad ocho pulgadas más cerca de la puerta" es más probable que resulte en que la luz de seguridad esté donde quieres. Sé claro, ya que la claridad te dará exactamente lo que quieres la mayoría de las veces.

Puede que no hagan lo que pides, pero entre más claro seas es más probable que recibas lo que quieres. Y recuerda, cuando dejas una foto en tu reseña, dice muchísimo. Asegúrate de ver las fotos cuando veas reseñas. Algunas personas son más fastidiosas con sus gustos, lo que es horrible y está mal hecho para ellos puede que no sea 100% perfecto pero aceptable para ti. O viceversa, alguien puede estar feliz con algo que se ve mal para ti. Esa es la realidad de un mundo en línea. La compañía te dirá todo lo maravilloso sobre ellos, pero quiero saber la verdad y las fotos me lo dirán.

Pero al final, si una compañía no quiere arreglar lo que hicieron, no lo harán y hay muy poco que puedas hacer al respecto. En la mayoría de los casos, recibo el golpe y sigo adelante. Les dejo una reseña negativa y detallada con fotos. Puede que registre una queja con el Better Business Bureau del área. Son raras las veces en que me molesto con ir a la Corte porque es caro y consume mucho tiempo. Tienes que hacer ese análisis por ti mismo, es una decisión personal. Si estás jubilado y no tienes nada más que hacer, tal vez quieras pasar un día en la corte. Yo no, esa es mi elección. No tiene que ser la tuya.

Normalmente, el peor de los casos es que esté muy molesta y sufra un pequeño golpe financiero, pero sigo adelante. Pero también sé que estoy dejando un rastro público de cómo actúan. Las personas como yo leen estas cosas e importan mucho a largo plazo. He dejado una marca pública. La gente puede ver muy bien con quien están lidiando.

Si es una compañía legítima de cinco estrellas que tiene un interés en el futuro, van a hacer lo que tengan que hacer para arreglar el problema. El dueño de la compañía que tiene un interés en continuar el negocio no quiere que su reputación pública sea arrastrada por el lodo. Ellos no quieren malas reseñas. Escálalo rápido para resolverlo rápido. Aprende a usar estas palabras: "No estoy feliz con este nivel de servicio" O "No estoy feliz con esto. Pensé que sería mejor". No puedes forzar a alguien a hacer lo que quieres. Si tienes esto en cuenta y procedes de acuerdo con ello, probablemente puedas hacer que *quieran* hacer lo que tú quieres y luego en realidad lo harán.

Para las mujeres, a veces es un poco más difícil por la manera en la que están condicionadas para comunicarse. Es difícil para nosotras ser directas sobre cuán insatisfechas estamos. No nos gusta ser directas y no queremos lastimar los sentimientos de otros. Sin embargo, si estas nerviosa al respecto, prueba con este truco: Saca la emoción de ello. Apégate a los hechos y se clara sobre lo que *es,* no cómo te sientes al respecto. Honestamente, la gente lo aprecia, especialmente los hombres. Y la mayoría de las personas con las que tendrás que lidiar en la industria de la construcción van a ser hombres.

Aprendí esto de un mentor que tuve en el mundo corporativo. Fui asignada a un proyecto con un horrible gerente de proyectos. Él era el peor líder técnico que había tenido y las cosas no se estaban haciendo. Mi mentor me preguntaba constantemente sobre eso y yo era evasiva. "Bueno, quiero decir, él está bien, pero sería mejor si…". Después de mucho contemplar y deliberar, mi mentor me detuvo y me dijo que solo fuera clara al respecto y que no me preocupara de lo que pensaría el gerente. Respiré profundamente y decidí ser honesta. Dije: "Bueno, él es grosero, abrasivo y desagradable. No puedo descifrar lo que quiere que yo haga y no tengo idea de qué hice para quedar atascada en este proyecto". Mi mentor se rió y me dijo que ya sabía sobre este gerente de proyectos. También dijo que ahora que sabía cómo me sentía, podíamos trabajar para resolverlo.

Era claro que estaba tan preocupada por ser amable y no quemar ningún puente que no estaba siendo efectiva. A veces el fuego es destructivo y a veces el fuego es purificador. La mente masculina funciona de esta manera, ellos prefieren la comunicación directa, precisa y clara. La comunicación indirecta tiende a confundir a la mayoría de los hombres. Entre más clara seas, mejores serán los resultados. No estás tratando de lastimarlos o insultarlos a ellos o a su trabajo, solo estás tratando de decirles qué quieres.

Ahora que pienso en esto, también es un buen consejo para las relaciones de pareja.

Resumen

- Toma fotos y úsalas en donde quiera que necesites hacer notar el problema.

- Escálalo rápido y ve inmediatamente al tope

- Sé claro y directo

- Reconoce que es posible que no hagan lo que quieres que hagan

- Deja reseñas, tanto positivas como negativas, para fomentar un buen trabajo y para ayudar a los clientes después de ti

- Asegúrate que los estimados estén detallados, que el contrato este hecho en tres partes y que a medida que terminen cada parte en su totalidad el precio total de la renovación aumente (10 mil, 20 mil, 30 mil+).

HISTORIA DE ÉXITO #7

Mi cliente Christina heredó una casa de su abuela. Era una casa pequeña, estaba totalmente pagada y ella la pudo alquilar por una cantidad decente de dinero. No se estaba haciendo rica con ella, pero ponía unos cuantos cientos de dólares en su bolsillo cada mes. Ella vio otras casas en el vecindario y sabía que si podía obtener unas cuantas podría ganar una buena suma de dinero.

El problema era que la casa de su abuela estaba en otro estado y necesitaba mejoras significativas. La incertidumbre la asustaba. Si invertía más dinero, ¿Valdría la pena o estaría tirando buen dinero al drenaje? El inquilino la llamaba cada vez que algo salía mal y ella tenía que encargarse de eso en medio del almuerzo. Al estar tan lejos, nunca se sintió cómoda con la ayuda que intentaba obtener ni con el tiempo que se tomaba. Cosas pequeñas como cambiar el filtro del aire acondicionado o acomodar una ventana eran una extensión de sus problemas. Estaba gastando horas en reparaciones de cinco dólares y no sabía cómo cambiar eso.

Trabajé con Christina para formar un equipo. ¡Estaba haciendo demasiadas cosas por su cuenta! Encontramos un administrador de propiedades que podía salir y encargarse de las reparaciones pequeñas y un equipo de contratistas que se podía encargar de las más grandes. Pronto se dio cuenta de que no tenía que hacer todo el trabajo. Cuando dejó de gastar su tiempo tratando de ser una especialista en todo y dejó que los expertos hicieran su trabajo, encontró que tenía bastante tiempo libre para acumular más propiedades y relajarse mientras los cheques llegaban.

CAPÍTULO 9

Invirtiendo Fuera del Estado

Hay muchas razones por las que podrías escoger invertir fuera del estado. Puede que en el área donde vives simplemente no exista el tipo de propiedad correcto para invertir (o que esté fuera de tu presupuesto). Puede que estés planeando para el futuro y quieres estructurar tu negocio de inversiones para cuando te jubiles. Puede que estés comprando casas cerca de donde estudian tus hijos o en un área donde tengas familia. No importa el por qué, el punto es que con este sistema puedes estructurar tu negocio de inversión en bienes raíces lejos de casa y con pocos problemas.

La clave es tu equipo. Si tienes un buen equipo, ellos se pueden encargar de los aspectos diarios del negocio por ti. Se pueden encargar de las reparaciones y de las inquietudes de los inquilinos sin que estés presente físicamente. Idealmente, tu equipo lo hará tan bien que te podrás relajar a distancia mientras respondes a correos electrónicos y llamadas telefónicas de vez en cuando y eso es todo.

Sin embargo, en la vida no todo es ideal y ocasionalmente tendrás que visitar la propiedad. Así que cuando escojas invertir fuera del estado, asegúrate de que sea un lugar al que podrás ir cuando sea necesario. Si tu horario de trabajo o tus limitaciones financieras son muy ajustadas o si tienes alguna otra condición en tu vida que te impide viajar, al final puede ser un problema.

¿Qué queremos decir exactamente cuando hablamos de invertir fuera del estado? "Fuera del Estado" puede significar muchas cosas distintas para personas diferentes. Dependiendo de donde vivas, fuera del estado puede significar diez minutos manejando o una gran distancia de donde te encuentras. Ya sea cerca o lejos, todavía hay consideraciones similares. Hay cosas adicionales en que pensar cuando escoges invertir en una región diferente del país. Puede que tengas que manejar al lugar o tomar un vuelo. Puede que haya alternativas de transporte como trenes o buses disponibles o puede que no. Puede que no haya un aeropuerto a una o dos horas de la propiedad, lo cual implica la necesidad de alquilar un vehículo u otras preocupaciones de transporte si tienes que volar.

Dónde te encuentras (punto A) y dónde se encuentra la propiedad potencial (punto B) puede marcar una gran diferencia. A veces es más barato volar de una ciudad a la otra y hay muchos vuelos disponibles para cubrir las diferentes horas del día en la que necesites ir. Algunas ciudades son más difíciles de acceder que otras. Puede que tengas que hacer un trasbordo y los vuelos pueden ser inconvenientes a veces. Puede que los vuelos siempre sean caros. No asumas que puedes llegar a cualquier lugar en cualquier momento. Eso no siempre es verdad. Algunas ciudades, como Atlanta, son grandes centros aeroportuarios donde casi siempre puedes encontrar un vuelo de llegada o salida. Otras ciudades, como Akron, OH, pueden ser más difíciles.

Cuando tienes que volar fuera del estado, como lo hacen mis clientes de California que quieren construir un portafolio modesto, no escogemos un mercado hasta que sepamos:

1. Costo y duración del viaje

2. Cuántas compañías de administración de propiedades con buena reputación están disponibles para tus propiedades de alquiler (mi mínimo es cuatro para mis clientes fuera del estado)

3. Puedes organizar en tu horario un vuelo fuera de la ciudad para visitar la propiedad varias semanas por los primeros meses como mínimo (esto varía, pero es mejor estar preparado)

Vamos a revisar estos temas en detalle y cómo las diferentes decisiones de inversión que tomes dependen en lo que estos puntos significan para ti.

Costo y Duración del Viaje

A menos que seas un camionero de largas distancias, más de dos horas manejando en una dirección va a ser demasiado. Si son tres horas (no llegues a cuatro horas de ida y cuatro de vuelta manejando), solo se lo permito a mis clientes si entienden claramente que van a tener que quedarse por la noche en un hotel o Airbnb, ya que seis horas de viaje en un día es muy engorroso cuando agregas administrar parte de una renovación. Así que, menos de dos horas manejando.

Para aquellos que vuelan, no recomiendo más de dos horas de vuelo. Revisa en tu aeropuerto local y encuentra las rutas de vuelo y los vuelos diarios de las cinco primeras aerolíneas, Si puedes elegir entre cinco ciudades, la que tiene vuelos diarios a un precio de $125 ida y vuelta en cualquier día de la semana (especialmente los sábados) es un excelente mercado para buscar propiedades de alquiler comparada con otra que esté a 3 horas y media de distancia, que tenga una escala o vuelos en el rango de los $300 - $350 ida y vuelta.

Tuve un cliente que vivía en las afueras de Baltimore, MD y decidió que Pittsburgh sería su mercado, es un viaje de $125 ida y vuelta y un vuelo de menos de dos horas y a él le gusta Pittsburgh (es una ciudad divertida). Como mujer soltera, normalmente hago lo que tengo que hacer y estoy segura en mi cuarto de hotel/Airbnb cuando oscurece, lo cual está dentro de mi nivel de comodidad cuando viajo sola. ¿Ves como cuando tomas esas cosas en cuenta, invertir fuera del estado puede ser increíble y fácil?

Compañías de Administración de Propiedades con Buena Reputación que Operan en el Área

Si estás invirtiendo a larga distancia, uno de los primeros factores que determinarán si invertirás es el número de compañías de administración de propiedades en el área. Selecciona al menos cuatro compañías con buena reputación que sirvan al vecindario en el que quieres invertir. Siempre digo: Antes de invertir fuera del estado, sepa que la propiedad será administrada correctamente escogiendo un mercado adecuado que respalde ser dueño de propiedad de alquiler y no un casero.

Mencioné anteriormente que las compañías de administración de propiedades pueden salir mal. En Baltimore, las dos compañías de administración de propiedades que contraté todavía me deben pequeñas sumas de dinero ($250 una y $480 la otra). Hasta el día de hoy, no he recibido ese dinero y no vale la pena llevarlos a la corte. Fue difícil encontrar otra compañía de administración que tuviera BUENA reputación (hay muchas allá afuera, ¿Pero buenas? En mi opinión se sobrecargan rápidamente y no saben cómo crecer con el aumento de demanda en esa ubicación).

Otro ejemplo de esto es mi propiedad en Columbus, OH. Tuve que despedir a la primera compañía de administración por no comunicarse bien y no administrar la recolección de renta de manera correcta (sus dos trabajos principales). Apenas eran pasables, pero no se comunicaban conmigo y no recibí mi renta. Los despedí y contraté a otra compañía que duró tres años. Tuve que dejarlos ir porque, aunque manejaban las cosas bien, sus costos para facturar una unidad eran de $3,000, lo cual era el doble de lo que debería ser (estaban ubicados en Cincinnati y su contratista estaba en Columbus, así que les pagaban a sus contratistas en vez de buscar unos mejores). Así que estoy en mi tercer administrador de propiedades en ocho años. Son geniales, actualizados y me gustan. ¿Ves cómo tener un mínimo de cuatro compañías de administración de propiedades asegura que pueda retener mi propiedad de alquiler? Si hubiera sabido y revisado esto en Baltimore, hubiera evitado invertir ahí porque ahora estoy vendiendo esas propiedades para poder invertir en el mercado de Virginia. Así de importantes son las compañías de administración de propiedades y porqué deberías asegurarte de que tengas múltiples opciones para que puedas cambiar si no está funcionando (lo cual puede suceder por una variedad de razones).

3. Tu Horario

La mayoría de nosotros estamos invirtiendo en bienes raíces mientras tenemos un trabajo de tiempo completo. ¡TOMA ESO EN CUENTA! Si eres padre o madre con hijos que no puede salir a ver una propiedad, entonces esto no es para ti por el momento. Pero ¿Si puedes poner canciones para niños en el auto y llevarte a los niños contigo en el viaje? Entonces, estás en algo.

Tuve un cliente en Nueva York que decidió invertir en Carolina del Norte. Se montó en su auto y manejó 5 horas y media con sus dos hijos (es más tiempo de lo que recomendaría para mis clientes, pero ella tenía familia allá y estaba de acuerdo con eso).

Ella lo hizo y estaba emocionada, pero no todos pueden viajar así. Si tú no puedes, tal vez tengamos que aumentar tu presupuesto y encontrar algo con lo que puedas trabajar localmente y que no necesite mucho trabajo.

Si tus fines de semana están llenos y tus planes no son flexibles, necesitas entender eso. No todo es malo.

He trabajado con enfermeras que tienen libre de jueves al domingo. También he trabajado con azafatas que vuelan todo el tiempo, así que volar desde Texas a Oklahoma por una propiedad de alquiler es fácil de hacer. He trabajado con ingenieros, técnicos informáticos, Contratistas del Gobierno en DC y amas de casa en Utah y Massachusetts. ¿Adivina qué? Debes tener una discusión sobre cuánto tiempo tienes disponible para irte a invertir o solo para buscar propiedades y considerar eso cuando busques ubicaciones para comprar.

El pastor con hijos que también se encargan de una iglesia a tiempo completo, tenía solo dos horas disponibles a la semana. Puedes obtener algo si tienes tiempo disponible, pero no será necesariamente un buen trato (estos aparecen cuando tienes tiempo para buscar y encontrar una gran propiedad de alquiler). Y no te preocupes por ese predicador, él tendrá su tiempo, pero con esa limitación de tiempo no será ahora.

Esas son las preocupaciones principales y si las tomas en cuenta, invertir fuera del estado es divertido y fácil.

Recuerda: A veces tenemos que hacer sacrificios cuando queremos construir el portafolio de nuestros sueños. Sin embargo, me gustaría darte a conocer los sacrificios que hay que hacer ANTES de invertir de 10 a 20 mil en una propiedad. Así que, si tus tiempos de viaje son largos, pero de verdad amas ese mercado, el trato, la ubicación, etc., por lo menos estás completamente consciente de tus opciones antes de tomar la decisión de invertir.

Recomiendo documentar estos factores en una hoja de trabajo de Excel para crear un seguimiento de tus opciones a medida que determinas cuál mercado escoger.

Otras preocupaciones que navegar mientras decides qué mercado escoger.

Dependiendo de tus gustos personales, el transporte dentro de la ciudad que escojas y sus alrededores (donde es más probable que se encuentren tus propiedades) puede variar ampliamente. Algunas ciudades tienen amplios sistemas de transporte público. Cuando vayas a esas ciudades, puede que te movilices económica y fácilmente sin tener que alquilar un vehículo. En otras ciudades no es tan sencillo y tendrás que tomar en cuenta el costo de alquilar un vehículo, taxis o Uber en tu presupuesto de viaje.

Si estás viajando, también tienes que considerar dónde te vas a hospedar. Algunos vecindarios no tienen hoteles y las propiedades tipo AirBNB pueden no existir. Si tendrás que quedarte a 10 o 20 millas de distancia de la propiedad, eso puede ser prohibitivo.

Mucho de esto depende de tus estándares personales, algunas personas solo dormirán en un Marriott u otro mejor y otras personas solo necesitan un lugar limpio donde descansar. Si insistes en la disponibilidad de servicio al cuarto y un Starbucks al que puedas llegar caminando, es poco probable que encuentres un hotel con esas comodidades en un vecindario de clase trabajadora. Si no te molesta el café de gasolinera y un muffin empaquetado, puedes tener más opciones cerca de la propiedad.

Al principio, cuando estás ensamblando tu equipo, quizás tengas que estar presente más a menudo. Les digo a mis clientes de capacitación que hagan un presupuesto para viajar una vez cada dos o tres semanas durante los primeros dos meses. Tengo clientes en California que hacen un presupuesto de $2,000 solo para esto.

Pero recuerda, si tomas en consideración los costos y el tiempo de viaje, inclusive la disponibilidad para viajar en tu horario, esto debería encajar en tu estilo de vida actual.

Hay algo especial en mirar una persona directamente a los ojos y ver que se encuentra detrás de ellos que no se puede apreciar por teléfono o Skype. Vas a querer hablar con los miembros de tu equipo y darles la mano para saludarlos. Tu equipo debe tener la misma meta que tú. No quieres contratar administradores de propiedades que llegarán en un Mercedes con zapatos de $400 para casas en vecindarios de clase trabajadora. Puede que hablen bien, pero hasta que los puedas ver bien no sabrás si son los correctos para el tipo de propiedades en las que estás invirtiendo. Y puede que ellos mismos no estén cómodos en vecindarios menos cuidados.

Esta es la razón por cual las compañías de administración de propiedades son tan importantes, vas a depender bastante de ellas para recibir actualizaciones sobre los contratistas (usa un sistema simple de caja de seguridad y hazles saber que deben enviar fotos del trabajo completado y cambiar el código cuando no estés presente). Aquí es donde su conocimiento de campo es invaluable. Deberías tener una conversación con tu administrador de propiedades sobre la supervisión del proyecto, la mayoría de las compañías de administración revisarán la renovación para asegurarse de que está progresando normalmente por una cuota fija en el contrato. Son parte de la razón por la cual este sistema funciona, para que no tengas que volar todos los fines de semana. Una vez que la propiedad esté lista y funcionando, solo necesitas visitarla una o dos veces al año a medida que te sientas cómodo.

Solo he invertido fuera del estado. Es tan fácil para mi invertir en áreas distantes como para otros es invertir en la casa al otro lado de la calle. Hemos descifrado qué es necesario y qué no lo es y en menos tiempo, pero una vez que esté listo y funcionando, en lo cual ayudo a mis clientes a escalar, no tienes que regresar. Tengo tres propiedades que no he visitado en un período de tres a seis años y están bien. Sé todo lo que pasa. Recibo fotos cuando se mudan adentro, cuando se van de ella y en el período entre las dos. Conozco la historia de quién vive ahí y le di mi aprobación final. Puedo visitarla, pero soy superflua en este punto ya que me he asegurado de que los sistemas están en su lugar. ¡Lo están haciendo bien, por cierto!

No hay sustituto para la información de "he estado ahí y lo he hecho" que recibes de alguien sin intereses que nublen su juicio. Si puedes encontrar a alguien que tenga conexiones en esa área en particular has encontrado un tremendo recurso que debes aprovechar. Los Administradores de Propiedades son geniales y si lo necesitas, ir a la sede local de la Asociación de inversionistas de Bienes Raíces (REIA, por sus siglas en inglés) es excelente para encontrar conexiones de boca en boca. Si puedes, asegúrate de organizar tu viaje para coordinar con una REIA local y quedarte un día extra si es necesario.

Aunque puedo hacer la mayoría del trabajo de campo en línea usando la Técnica CPR que describí anteriormente, jamás compraría una propiedad sin verla antes.

Repito. Nunca compres una propiedad sin verla antes.

Hay mayoristas por todos lados tratando de deshacerse de propiedades. ¡No muerdas el anzuelo! Un agente de bienes raíces puede tener una buena cantidad de fotos que muestran una casa hermosa, pero se olvidaron de incluir una foto de los cimientos que se desmoronan o de la gran grieta en la pared. Esto pasa. Mis clientes y yo hemos encontrado que alrededor del 50% de las casas que se ven bien en papel son horribles en persona. No te arriesgues. Programa en tu horario tiempo para ir a verlas.

Verlas virtualmente tampoco es suficiente para que yo invierta mi dinero. Quiero verla en persona. Quiero saber que no hay un tren que pasa por detrás cada treinta minutos y hace un ruido. Quiero ver con mis propios ojos que las manchas en las paredes pueden ser cubiertas con pintura y que no son por daño de agua. Quiero asegurarme de que no puedo oler la planta procesadora de carne de cerdo que está a unas cuantas millas de la casa o el vertedero de basura. No puedes obtener una "sensación" verdadera del lugar sin visitarlo personalmente. No puedes ver quién está pasando el tiempo en la esquina o quiénes serán los vecinos. Solo cuando estoy ahí obtengo esa sensación en mi estómago que me dice si la propiedad está bien. En línea puedo decir si es una posibilidad, pero en persona es cuando estoy segura.

Desalojos, Inspecciones, Mudanzas, Casos en la Corte

A menos que estés demandando a tus compañías de Administración de Propiedades, no tienes que preocuparte por viajar allí. Es mucho más fácil de hacer lo que piensas cuando te tomas tu tiempo, sabes qué es importante y qué asesoramiento puedes desechar. El asesoramiento en este libro es importante.

No asumas que todo es igual en todos los estados. Aunque las leyes federales de vivienda se aplican en todo los Estados Unidos, cada estado, cada condado, ciudad, pueblo, parroquia o subdivisión política puede tener sus propias reglas que debes tomar en cuenta. Si eres dueño de propiedades a través de tu corporación o negocio, puede que necesites registrar ese negocio en la oficina de Secretaría de Estado local como una entidad foránea. En Baltimore, como parte del proceso de desalojo, ellos revisan que estés registrado correctamente como un arrendador (y se aseguran de que hayas pagado todas las cuotas que se suponía que debías pagar). El arrendamiento estándar que usas puede que tenga que ser ajustado para reflejar las leyes locales de zonificación y de protección de inquilinos. Siempre es bueno obtener un arrendamiento específico del estado y preguntarle a tu compañía de administración de propiedades sobre su experiencia para obtener desalojos exitosos. Los procesos de desalojo pueden ser completamente diferentes. Tu equipo local puede ayudarte a navegar estas trampas potenciales.

Las leyes que protegen a los inquilinos son algo con lo que deberías ser especialmente cauteloso. No estoy diciendo que no debería haber leyes que protejan a los inquilinos de caseros inescrupulosos, pero si alguien no está pagando la renta o está dañado la propiedad, deberías poder protegerte. Algunos lugares tienen leyes que son tan complicadas que es un proceso lento, largo y difícil para deshacerse de alguien que no está pagando. Las leyes cambian de ciudad en ciudad, así que ten una conversación con una compañía de administración o únete a un foro en línea y pregunta qué tan amigable es el lugar para un casero o un inquilino. Básicamente, cuánto tiempo toma y cuánto cuesta debería darte un indicio. En Baltimore y Nueva York puede ser de tres a seis meses mientras que en Atlanta y Richmond es de 30 días a seis semanas. Es una gran diferencia y debería ser considerada antes de decidir en qué mercado quieres construir tu portafolio ideal.

Como mencioné anteriormente, no compras una propiedad y *después* encuentra el equipo. El equipo viene primero. No puedo enfatizar lo suficiente la importancia de tener tu equipo listo de antemano, especialmente si vas a ser un casero ausente y vivir en otro lado. Tu equipo debe estar listo, ser confiable y responsivo. Si no lo son, puede que te encuentres sosteniendo una bolsa llena de multas u otros problemas graves en ella. Es por eso que debes encontrar el equipo *primero* ¿De qué otra manera sabrás si puedes encontrar un equipo?

Llamando a Todas las Enfermeras

Glynnis era una enfermera de tiempo completo que se volvió mi cliente de entrenamiento. Ella vivía en California con su esposo y tenía una buena cantidad ahorrada y el Sur de California es un buen lugar para trabajar y ahorrar dinero, pero no para comprar una propiedad.

Después de una semana en el programa (es rápido ahora), encontramos el mercado perfecto para ella en el medio oeste. No solo había boletos de ida y vuelta de VIERNES a DOMINGO por $150 en Frontier Airlines, también su esposo amaba esta área de Missouri por los museos históricos. Los dos disfrutaban visitar su inversión y su familia. Ellos conocieron a un agente amigable que los llevó a las propiedades y les presentó unos maravillosos contratistas. Encontraron una casa doble por $110,000 (el promedio de mis clientes para casas dobles es de $70,000, así que este era más alto, pero valía la pena), y necesitaba poco trabajo para ganar $1,600 al mes en renta. Ni siquiera pudieron encontrar una propiedad en este rango de precio en California. Su flujo de efectivo era genial y siendo multifamiliar (lo cual le insisto a los californianos), si un lado está vacío, todavía está cubierta parte de la hipoteca y un poco más. Ella está feliz, su esposo está feliz, su familia está feliz de poder verla, todos están felices. Ese es el poder de saber cómo navegar el ser dueño de una propiedad de alquiler fuera del estado. No tienes que esperar hasta tener 70 años para tener un montón de dinero en el banco. Puedes empezar modestamente hoy. Todos son diferentes, así que deberías encontrar el mercado que funcione para ti.

CAPÍTULO 10

Tu Negocio Tiene que ser un Negocio

¿Qué significa ser un negocio? ¿Significa hacer dinero? ¿Significa participar en transacciones con otras personas? ¿Qué diferencia existe, si la hay, entre una corporación y un negocio?

Negocio es un término general. Puede significar cualquier cosa desde un puesto de limonada a una compañía de primera categoría que ha existido desde siempre y existirá por siempre como Coca-Cola o mi antiguo empleador IBM. Es cualquier cosa que provee un bien (un producto, un artículo, algo que puedes tocar o tomar) o un servicio (como un corte de cabello o hacer tu declaración de impuestos) a cambio de algo de valor.

Una corporación es algo más específico. Es una entidad definida gubernamentalmente. Dependiendo del estado en el que vives (asumiendo que vives en los Estados Unidos) habrá un conjunto de reglas y procedimientos sobre cómo establecer una corporación. Aunque los detalles pueden variar, las generalidades son las mismas.

Una corporación es su propia entidad. Probablemente has oído la frase "personalidad corporativa" en las noticias. Aunque los detalles de lo que esto significa están fuera del tópico de este libro, es una buena idea tomarlo en cuenta. Cuando creas una compañía, esencialmente estás creando una "persona". Una persona falsa, pero una persona con su propio número de seguridad social[9], deudas e ingresos. La principal ventaja de esto es que limita tu responsabilidad, maximiza el ahorro de impuestos y evita que seas auditado.

Contrario a la creencia popular, NO necesitas poner tu casa en tu LLC o entidad de negocios. En principio, no podrás recibir una hipoteca y tendrás que pagarlo todo de una vez. Segundo, hace que sea más difícil sacar el capital, porque tienes que transferir la posesión a tu nombre si quieres refinanciar. Una mejor manera de proteger tus activos es estableciendo una empresa matriz y luego establecer una subsidiaria como una LLC de financiación. El único propósito de esa empresa es la eliminación de capital. Lo que significa que si la propiedad vale $70,000 y debes $60,000, no es un objetivo viable ya que no tiene mucha equidad en el caso de una demanda. Sin embargo, sí vale $70,000 y eres dueño completo de ella, ahora vas a tener que preocuparte por la equidad que está ahí. En ese punto, querrás colocar un gravamen de mecánico a través de tu LLC de financiamiento contra la propiedad para que se elimine el capital. Por supuesto, debes tener en cuenta el costo de presentar gravámenes y qué gravámenes están disponibles, pero esa es una solución mucho mejor. Puedes ver más detalles sobre esto en mi membresía *Investing Made Easy Monthly* (busca debajo de las Sesiones de Contaduría de Ebere Okoye) o la serie *Best of Ask The Professionals*.

No hay ninguna desventaja en realidad. Deberías hablar con un contador o abogado sobre cuál es mejor para ti, pero una

---

[9] Conocido como un EIN (Número de Identificación del Empleado, por sus siglas en inglés) o un TIN (Número de Identificación del Contribuyente, por sus siglas en inglés)

LLC,[10] LLP[11] o una S-Corp[12] son lo que se llaman corporaciones "pasantes". Esto significa que no pagan sus propios impuestos y sus ganancias o pérdidas van en tus declaraciones de impuestos (las del propietario). De lo contrario, estarías pagando impuestos dos veces sobre el ingreso y eso no sería bueno. Puedes pagarte un salario o una parte de las ganancias como "dividendos". Cuál elegir y cómo eliges hacerlo es algo que debes hablar con un contador ya que hay consecuencias impositivas para cada uno.

Además, las LLC, LLP y S-Corps con varios miembros son auditadas a una tasa del 0,4%, la menor de todas las entidades.

Establecer una corporación no es necesariamente difícil. Puedes ir a la página web de la Secretaría de Estado (p. ej. Busca en Google la *Entidad Comercial de la Secretaría de Estado de Virginia* y verás un documento de presentación para completar y la tarifa de presentación). Pero en respecto a la protección y a cómo estructurar el acuerdo operativo para que no te veas envuelto con el IRS, un contador experto en inversiones en bienes raíces puede ayudarte. Mi favorito es Ebere Okoye, el CPA de Wealth Building. Ella es maravillosa y obtuvo su experiencia trabajando con el mayor inversionista en bienes raíces de DC. Eso es mucho dinero e influencia allí mismo y ella fue parte de eso al comienzo de su carrera. Ella te mostrará cómo estructurar tu empresa matriz para que los gastos comerciales ordinarios y necesarios puedan ser deducidos, no solo los del primer día en que pones en servicio tu propiedad de alquiler. Ella es increíble. Si decides usar sus servicios, dile que escuchaste sobre ella en Affordable Real Estate Investments (Puedes encontrarla aquí: El CPA de Wealth Building – www.TheWealthBuildingCPA.com),

---

[10] Compañía de Responsabilidad Limitada, por sus siglas en inglés
[11] Sociedad de Responsabilidad Limitada, por sus siglas en inglés
[12] Se refiere a las Sección "S" del código IRS

entre más negocios tenga, más dispuesta estará a atender nuestros cursos intensivos de inversión de 3 días ¡Para que puedas hacerle estas preguntas en vivo!

Esto de asegurar tu protección en la estructura de negocios es especialmente cierto si tienes un socio de negocios. Todo es fácil cuando las cosas van bien, pero incluso las mejores asociaciones eventualmente tendrán una disputa. Cuando eso ocurra, querrás asegurarte de tener un buen acuerdo de asociación que cubra lo que debes hacer. Por ejemplo: ¿Qué pasaría si deseas sacar dinero del negocio, pero tu socio de negocios quiere invertir en otra casa? ¿Cómo deciden quién gana la discusión? Una buena asociación tendrá funciones claramente definidos para cada persona. O ¿Qué sucede si tu socio quiere salir del negocio y venderlo todo a su primo? ¿Tienes que hacer negocios con el primo de tu socio? ¿Qué pasaría si uno de ustedes muere? ¿Qué pasaría si uno de ustedes se enferma y no puede hacer ninguna parte del trabajo, dividieran el dinero equitativamente? Tienes que platicar sobre esto y encontrar una solución que funcione, no solo escondas tu cabeza en la arena. Mi acuerdo de asociación se verá diferente al tuyo, porque somos personas diferentes con diferentes finanzas, prioridades y talentos que aportamos. Simplemente llega a una conclusión que te haga feliz, pero asegúrate de que esté resuelto antes de invertir más dinero y tiempo.

Incluso si estás solo, una estructura corporativa bien definida puede ayudarte protegiéndote de responsabilidades y consecuencias fiscales y hacer posible obtener crédito comercial. Los bancos pueden requerir ciertos documentos corporativos para otorgarte préstamos a nombre de la corporación y sin garantía personal. La mayoría de los abogados no cobrarán mucho por ayudarte a prepararlo correctamente para evitar dolores de cabeza en el futuro.

CONTABILIDAD Y BOOKKEEPING

Como mencioné anteriormente, fui entrenada como ingeniera. Siempre he sido fuerte en las matemáticas y los números. Reconozco que eso no es cierto para todos, o incluso para la mayoría de las personas. Aun así, no importa que tan bueno o malo seas en matemáticas, es importante que mantengas buenos registros financieros.

He trabajado con muchas personas que entran en pánico cuando llegan a esta parte del negocio. Algunas personas mantienen una caja de zapatos llena con recibos y creen que su contador se encargará de eso al final del año. Algunas personas ni siquiera hacen eso y creen que si hay dinero en la cuenta corriente lo están haciendo bien. ¡¡¡ESO NO ES VERDAD!!!

No puedo enfatizar esto lo suficiente. He visto a más de un gran negocio caer debido a mala contabilidad.

La contabilidad es una forma de arte y habilidades y no tienes que ser bueno en ella para hacer que funcione. Hay un número de programas de computadora que puedes usar para hacerlo más fácil, como *QuickBooks Self Employed* por $5 al mes. Es el software menos costoso de contabilidad en línea y hace que los impuestos de fin de año y los impuestos estimados sean simples. Cuando tengo un recibo, puedo tomarle una foto directamente y botar el recibo. ¡Lo amo! Luego puedes referenciar estos registros si necesitas encontrarlos para tu contador, el IRS o si necesitas demostrar que pagaste por algo en una demanda u otro reclamo. Si no puedes descifrar cómo preparar tus libros o tu programa de computadora, puedes contratar a alguien para que lo haga por ti y te enseñe cómo usarlo por tu cuenta o podría valer la pena contratar a un contador para que haga seguimiento a las cosas por ti. No caigas en la trampa de pensar que solo porque hay dinero en la cuenta bancaria, hay dinero disponible para que lo uses tú mismo.

Obtener una deducción de impuestos con todos estos gastos es una forma de arte en sí misma e implica estructurarlo adecuadamente. Técnicamente, como casero, no se supone que deduzcas ningún gasto en tu propiedad hasta el primer día que está puesta en servicio. Pero ¿Qué pasa con todos los gastos de viaje, entrenamiento y otros gastos por reparación y mantenimiento? Es por eso que tener una compañía matriz que especifique que los gastos de capacitación/educación continua y viajes son ordinarios y necesarios, así como otros artículos. Luego puedes deducir los costos asociados con el funcionamiento de tu negocio, independientemente de la fecha en que tu unidad se puso en servicio. Hay muchos más matices en este curso, así que, para no meterte en problemas, sugiero que veas a los contadores que hablan al respecto (de nuevo, amo las sesiones de Ebere Okeye), por lo cual sugiero que revises *Investing Made Easy Full Year Access* (busca debajo de las Sesiones de Contabilidad de Ebere Okeye) o la serie *Best of Ask The Professionals*.

Mezcla de Fondos

La frase "Mezcla de fondos" suena criminal, pero en realidad no lo es. Es más mala idea que algo criminoso. Puede meterte en serios problemas financieros en cuanto a separar tus activos y potencialmente meterte en problemas con el IRS.

La mezcla de fondos significa juntar fondos de dos o más fuentes o propósitos diferentes. En este caso, estoy hablando del dinero de tu negocio y tu dinero personal. MANTENLOS SEPARADOS. Además, si tienes una cuenta corriente de negocios, puedes solicitar una tarjeta de crédito de ese banco que puedes utilizar para siempre, por lo que es otra razón importante para tener una entidad comercial. (Las tarjetas de crédito del negocio reportan a las agencias de crédito comercial, no a las agencias de crédito del consumidor, por lo que no aparecerán en tu reporte de crédito. ¡Esto por sí solo vale la pena!)

Es fácil caer en la trampa de usar la chequera o tarjeta de débito para todo. ¡No lo hagas! Tan complicada y confusa como puede ser la contabilidad y la teneduría de libros, lo es aún más cuando pagas tu cuenta personal de Netflix o tus compras en T.J. Maxx con la tarjeta Visa del negocio. Si vas a Target o Wal-Mart y estas comprando productos de limpieza para limpiar una de tus propiedades y mientras esta allí agarras un nuevo horno tostador para tu casa personal, paga esas cosas con dos tarjetas de crédito diferentes (la de tu negocio y tu tarjeta personal), en dos transacciones diferentes y ten dos recibos diferentes. Si deduces tus artículos personales como un gasto del negocio, eso es técnicamente un fraude fiscal. Es una pesadilla tratar de separar los gastos en un recibo arrugado y determinar qué parte del impuesto va con qué artículo.

Es una regla simple: las cosas para tu negocio van en las cuentas de tu negocio. Las cosas para tu vida personal van en tus cuentas personales. Asegúrate de que, si tienes varios artículos en tu recibo, circula y pon tus iniciales en los artículos de negocio y luego presenta el recibo.

Presupuestos y Administración del Dinero

La mayor parte de la contabilidad es saber lo que tienes. Saber lo que tienes es importante, pero también es saber lo que necesitas. ¿Cómo puedes descifrar lo que vas a necesitar, especialmente cuando recién estás comenzando?

Esta es una de las muchas ocasiones en donde tener un buen mentor es útil, especialmente uno que pueda ponerte en contacto con grupos de mentores que consisten de inversionistas como tú que se encuentran en varias etapas de su viaje de inversión. Las personas que han "estado allí y han hecho eso" son tu mejor manera de evaluar lo que vas a necesitar.

No hay un número que pueda darte aquí. Gran parte de esto es geográfico. Las cosas cuestan más o menos dependiendo de en qué parte del país te encuentres. Algunas cosas, como las unidades de aire acondicionado en el sur, se desgastan más rápido que en otras partes del país. Algunas partes del país tienen inundaciones cada pocos años y algunas partes nunca las tienen. Habla con personas que tengan experiencia donde te encuentres. Estima la cantidad que necesitarás para impuestos, seguros y reparaciones, y asegúrate de mantener esa cantidad disponible. Puede que te sientas cómodo manteniendo esa cantidad disponible en una línea de crédito o puedes sentirte más cómodo si la mantienes en una cuenta de ahorros. Es posible que tu compañía de administración de propiedades te exija que tengas a mano una cierta cantidad para retirar para reparaciones menores. El método que funcione para ti es algo personal. Deberías hablar con tu mentor y tu grupo de asesoramiento para entender las ventajas y desventajas. En el Capítulo 4: "La Técnica CPR", dije que apartamos aproximadamente el 15% al mes para gastos de mantenimiento casuales y vacancia como una buena regla general. Me ha servido bien en estos últimos nueve años. Ya había renovado completamente esas casas cuando se mudaron los inquilinos en ellas, por lo que todas están como nuevas y solo recibo llamadas ocasionales de mantenimiento.

La cosa importante no es en qué forma tienen esos fondos, sino que tengas acceso a ellos cuando los necesites. Cuando tus inquilinos llaman para decirte que el calentador de agua se ha dañado y que está bajo cero afuera, ¡Y lo harán! Muy probablemente en el peor momento posible, podrás hacer algo al respecto de inmediato sin preocuparte de dónde vendrá el dinero. Esa tranquilidad no tiene precio y vale la pena resistir la tentación de gastar todo el dinero que entra a tu cuenta.

CAPÍTULO 11

Eligiendo a un Mentor

Me he referido a los mentores varias veces en este libro y no puedo enfatizar lo suficiente lo importantes que son para tu negocio de inversión. Hay muchas personas que están dispuestas a asesorarte y darte consejos. ¿Cómo sabes cuál es el adecuado para ti?

El instinto es importante para mí. Soy una persona muy intuitiva y creo que a la mayoría de las personas se les enseña a ignorar su intuición para su detrimento. Nos dicen repetidamente que usemos hechos y cifras solamente, e ignoremos lo que nuestro instinto nos dice. Este es un consejo bien intencionado, pero no es un buen consejo. Si se siente bien, probablemente lo sea. Escucha esa voz interior. ¡Te está diciendo la verdad! Está notando las cosas que tu mente consciente no puede procesar. Mientras tu cerebro procesa hechos y cifras, tu voz subconsciente está notando la pasión, honestidad y un verdadero sentido de valor.

Es importante que las tácticas de tu mentor se alineen con tu bolsillo. Si lees un artículo sobre alguien que pasó de 0 a 80 unidades en seis meses, ¿Sería algo que podrías hacer (o quisieras hacer)? ¿Lo lograron teniendo $200,000 para pagar y pudieron recaudar $500,000 a través de amigos y familiares? Si la respuesta es sí, necesitas entender que ese modelo necesita ser práctico para ti. Mis amigos y conocidos sociales son afroamericanos con educación universitaria de primera generación. Tuvimos que pagar nuestros préstamos estudiantiles, conseguir trabajo, aprender sobre el crédito de la manera difícil y mantener un cierto estilo de vida. Entonces, pedirle a alguien 50 mil no es posible para mí o para la mayoría de mi círculo social.

Sin embargo, mi cuñada es de una familia donde sus dos hermanos le pidieron a su padre un préstamo de $120,000 para abrir un par de franquicias de Kentucky Fried Chicken y lo obtuvieron.

Si vienes de la misma línea que yo y lo máximo que puedes obtener de tus padres es $5000, debes asegurarte de que estas siguiendo los consejos de un mentor que viene del mismo lugar que tú económicamente. Tengo correos electrónicos de personas que siguieron el asesoramiento clase "A" y ahora tienen un portafolio perdedor de "clase A" que está bajo el agua, porque ese asesoramiento es para personas que pueden esperar alrededor de 20 a 30 años para pagar un préstamo de $250,000. Eso es lo que pasa al escuchar a alguien cuyo bolsillo no se alinea con tu realidad.

Sus valores deben alinearse con los tuyos. Si te interesa el dinero, dinero, dinero, busca un mentor que te haga ver signos de dólar y no le importe nada más. Si se trata de empoderar a los profesionales afroamericanos para que creen independencia a través de la inversión en vecindarios desatendidos o de darles a las personas y familias trabajadoras un excelente lugar para vivir mientras ganas dinero al mismo tiempo, como yo, entonces busca un mentor que comparta esa pasión y encuentre estrategias para tu bolsillo que resuenen con sus métodos.

En su mayor parte, los mentores no serán gratuitos. Los mentores que son exitosos en su campo están dispuestos y pueden impartir su experiencia a personas que comparten su visión y metas. Pero su tiempo es valioso y tienen demanda, por lo que debes pagarles por su tiempo. No les estás pagando por algo que puedes tocar, les está pagando por su conocimiento. Al igual que pagas la matrícula en una universidad para obtener el conocimiento de los profesores, le pagas a tu mentor para obtener conocimiento de la amplia experiencia que tienen. No hay nada malo o sospechoso con en eso.

Sin embargo, a diferencia de las universidades, no existe un sistema de acreditación o un consejero vocacional de la escuela secundaria que te oriente en la dirección correcta. Tienes que hacer tu propia investigación. Así que ¿Cómo haces eso?

El internet es un excelente lugar para empezar. YouTube tiene miles de videos de personas dando información que puede ayudarte a comenzar. Puedes encontrar mi canal de YouTube en Youtube.com/user/AffordableREI. Ve, busca y únete a más de 16,000 suscriptores. Puedes descargar un paquete gratuito de capacitación, escuchar mi voz y ver si hablo de una manera que resuena contigo. Honestamente, no quiero tomar el dinero de las personas hasta que sepa que se sentirán cómodas conmigo. Si no compartimos la misma pasión, si no encajamos bien, no hay razón para perder nuestro tiempo el uno con el otro. Estoy segura de que la mayoría de los mentores éticos sienten lo mismo.

Otra cosa que hago para que la gente se sienta cómoda conmigo es tener talleres en todo el país. El año pasado, fui a Miami, Atlanta, Nueva York y Las Vegas, entre otros lugares. ¡Estos talleres son geniales! Puedes conocer a otros inversionistas que piensan igual y escucharme a mí y a otras personas exitosas en la industria. Para las personas que son más visuales y tangibles, pueden tener una mejor idea de cómo se sienten acerca del negocio. No creo en jugar a las escondidas. Y además los eventos están completamente atendidos con refrigerios que van desde cócteles hasta cenas (me gusta dar una experiencia de lujo completa). Puedes obtener más información sobre mis eventos en vivo en mi paquete de capacitación gratuito

- Lisa-Phillips.thinkific.com/bundles/free-bonus-training-bundle/.

Asegurarte de encontrar un mentor que esté dispuesto a conocerte donde estés actualmente en tu vida. Demasiadas personas intentan meterte en una caja de talla única para todos. ¡Es más como una talla única para nadie! Todos somos individuos con nuestras propias historias, puntos de partida y metas. Tu mentor debe reconocer eso y tomarse el tiempo para conocerte y de dónde vienes. Me gusta hablar con mis aprendices y ver cómo sus sueños toman forma. No sería divertido imponerles mis sueños. Ya he formado el negocio de inversión que quiero para mí. Ahora es el momento para que TÚ formes el negocio de inversión que TÚ deseas para TÍ. Al igual que toda la ropa en tu armario, no me quedará tan bien a mi como a ti, tus sueños no me quedarán tan bien a mi como a ti. Asegúrate de encontrar el tipo de mentor que reconoce eso.

Me gusta ser flexible. No es como dicen en inglés *"my way or the highway"* o sea *"a mi manera o nada"*. Tengo lo que se siente como un millón de programas de asesoramiento diferentes, uno para cada tipo de persona. Encontraremos un programa que funcione para ti, así tengamos que inventarlo. Algunos prefieren ver videos en su tiempo libre y luego hacer las preguntas. Algunas personas prefieren más tiempo frente a frente. A algunas personas les gustan más los grupos. Ofrezco todo tipo de combinaciones de servicios. No voy a tratar de meterte en una talla 6 cuando realmente eres una talla 14. Tú eres quién eres y te voy a dar lo que necesitas. Puedes lucir bien en cualquier tamaño y forma.

La mentoría se basa en construir una relación. No es *algo parecido a* construir una relación, *es* construir una relación. Piénsalo de esta forma: Cuando eres un niño, tu mamá financia todo y te enseña lo que necesitas saber. Una vez que estás por tu cuenta, tu relación con mamá ya no es financiera, pero las lecciones que aprendiste de ella todavía son parte de tu vida. Por eso que le doy a mis aprendices acceso a mis cursos exclusivos en línea de por vida. Una vez que estas dentro, estas dentro. Eventualmente dejarás el nido, pero seguirás siendo parte de mi familia.

Me entristece pensar que hay personas ahí afuera que solo quieren tomar tu dinero, pero las hay (y muchas). No puedes tener tiempo extra con ellos, no lo dan todo para asegurarse de que comprendas todas las decisiones que estás tomando y cómo afectará a tus finanzas y a tu portafolio. A veces simplemente no lo saben, otras veces están hambrientos por dinero y quieren que pagues más, así que nada está incluido. Es difícil de ver. He tenido personas que vienen a mi siendo escépticas y con buena razón. Han pagado un buen dinero a personas que les han prometido la luna y no les han entregado más que las migajas de un pastel de luna. Dan mala reputación a personas como yo y eso no me gusta para nada. Por eso doy tanto en YouTube y en mis talleres. Quiero que veas lo que vas a obtener antes de que hagas una inversión. Quiero que puedas ver y escuchar mi impulso y pasión con tus propios ojos y oídos antes de tomar una decisión.

Y, más que todo, quiero que escuches a tu corazón y a lo que tu voz interna dice. Tus instintos te llevarán al lugar correcto, te lo prometo.

Si quieres que te ayude directamente a construir la mejor estrategia para ti en propiedades de alquiler y obtener una **SESIÓN DE ESTRATEGIA INICIAL DE 30 MINUTOS para ver si te puedo ayudar a alcanzar tus metas, visita:**

LisaPhillipsrei.clickfunnels.com/page-1

TRABAJANDO CON UN MENTOR – EJEMPLO DE TRABAJO CON CLIENTE PRIVADO

En Affordable Real Estate Investments, empezamos nuestra orientación privada con una llamada de estrategia. Desde ahí, evaluamos qué puede estar evitando que construyas tu portafolio de propiedades de alquiler de bajo costo y determinamos qué programa es mejor para ti. Habrá más detalles a continuación en caso de que no quieras hacer la llamada de estrategia y seguir adelante con el programa.

Empezamos con una sesión de estrategia con mis Clientes Privados 1-1, esa es la primera llamada después de los tres días posteriores a la inscripción y su incorporación. En esta llamada importante, desciframos la estrategia única del cliente para construir su negocio de propiedades de alquiler. La estrategia cambia según los recursos financieros actuales del cliente y el perfil de crédito, así como su ubicación geográfica. Recopilamos la información necesaria para determinar cómo podemos hacer que esto funcione en el horario de trabajo del cliente y también como guiarlos a los pasos iniciales para analizar cuál será el mejor mercado para ellos.

A partir de ahí, analizamos diferentes mercados, tanto locales como a larga distancia, para evaluar cuáles cumplen con los criterios únicos personales de ellos, así como también el excelente criterio necesario para obtener el mejor trato para sus inversiones. Esto incluye determinar todo desde en qué tipo de vecindarios se siente cómodo el cliente hasta el tiempo de viaje. Esto usualmente se logra dentro de las primeras dos semanas.

Una vez que se ha elegido el mercado perfecto para mi cliente, ahí es cuando se realizará una búsqueda seria. El cliente liderará el camino en la selección de propiedades potenciales y analizaremos cada acuerdo. Normalmente, los clientes se vuelven más sofisticados con cada ronda a medida que aprenden de las sesiones de análisis anteriores. Hacemos eso juntos por teléfono o videoconferencia según sea necesario para el mercado. Durante este tiempo, se le pide al cliente que programe un horario para ver las propiedades en persona, ya sea manejando cerca o fuera del estado (el costo y tiempo de viaje ya se han considerado para que esto no sea una dificultad). Esto sucede dentro de las próximas dos o tres semanas.

Después de recorrer las casas, analizaremos juntos por cuáles casas deberían ofertar y cuanto ofertar de acuerdo las fotos y videos asociados. Esto usualmente toma una semana.

Típicamente, ocurre una ida y vuelta con las ofertas hasta que el vendedor esté de acuerdo con los términos del contrato y comienza el proceso de cierre (para una casa y, a veces, para dos). Desde ahí, nos preparamos para el proceso de inspección, determinamos los siguientes pasos para contratar cualquier reparación, platicamos sobre la administración de la propiedad a larga distancia y empezamos la búsqueda de un inquilino.

Todo este proceso toma entre 7 y 10 semanas, dependiendo de la disponibilidad de tiempo, la capacidad de viaje y los recursos financieros, y no TODOS los detalles fueron incluidos. Espero que cualquier relación de asesoramiento que tengas sea tan detallada y reflexiva como esta puede ser para ti. Mis clientes privados 1-1 tienen una experiencia fácil, emocionante y libre de estrés y ahora saben cómo comenzar a maximizar sus portafolios.

Las inversiones deberían ser fáciles, divertidas y gratificantes.

A continuación, hay una lista de capacitaciones independientes y programas de capacitación que ofrecemos. Si uno de ellos se ajusta perfectamente a tus metas y tu presupuesto, ¡Espero que te inscribas!

Capacitación

Affordable Real Estate Investments tiene ofertas de apoyo de capacitación en 3 niveles. Estos son el **Sub30k VIP Intensive**, el **Sub30 Group Coaching Program** y el **Private 1-1 Coaching**.

Sub30k VIP Intensive Program

El Sub30k VIP Intensive es un entrenamiento intensivo de un mes de duración con 4 semanas de llamadas de capacitación grupal para orientación y apoyo, llamadas 1-1 y el mismo entrenamiento que reciben mis clientes de capacitación 1-1 para complementar el apoyo en las llamadas de conferencia. Perfecto para la experiencia de los inversionistas que buscan ingresar al mercado de bajos ingresos o invertir fuera del estado por primera vez.

Sub30k Group Coaching Program

Este programa de capacitación de casi 3 meses se enfoca en todos los aspectos de la inversión, desde encontrar el mercado correcto (localmente o fuera del estado), encontrar las mejores ofertas que hagan fluir el efectivo, presentar ofertas y administrar el proceso de renovación y ventas a larga distancia. Es totalmente guiado y respaldado en nuestras llamadas semanales de capacitación, ADEMÁS recibes el Sub30k Rental Income System Training (con un valor de $997), el Sub30k Investing Out Of State Training (con un valor de $297) Y acceso durante todo el año a Investing Made Easy Monthly Training (que tiene un valor de $497) ¡INCLUIDO! ¡Las ofertas generalmente se ven dentro de las 2-5 semanas después de comenzar!

Private 1-1 Coaching

El Private 1-1 Coaching incluye acceso completo por teléfono y correo electrónico, todos los cursos de entrenamiento, videoconferencias para ver/analizar/revisar propiedades potenciales juntos, perfecto para el inversionista principiante que está listo para empezar hoy y desea que un profesional experimentado lo guíe a través de todo el proceso para que sea fácil y sin problemas. Las ofertas generalmente se envían dentro de 1-2 semanas después de comenzar.

Puedes aprender más sobre estos detallados y económicos programas de capacitación en AffordableRealEstateInvestments.com/training-center

Capacitación a Ritmo Propio

Para los que quieren aprender a su propio ritmo, nuestro centro de entrenamiento ofrece tres diferentes series de aprendizaje a ritmo propio para escoger: la **Membresía Investing Made Easy**

Monthly, el **Sub30k Investing Out Of State Training** y el **Sub30k Rental Income System**.

Membresía Investing Made Easy Monthly

Si deseas aprender cómo configurar tu negocio de propiedades de alquiler de la manera correcta para proteger tus activos, obtener las cuentas bancarias correctas y aumentar tu puntaje de crédito rápidamente, tenemos la Membresía Investing Made Easy Monthly.

Sub30k Investing Out of State Training

Si deseas obtener un conocimiento más profundo sobre la estrategia de invertir en propiedades de alquiler de menor precio (mucho más de lo que podría incluir en un libro), cuando vives en California, Nueva York, DC, Carolina del Norte, Atlanta, Houston y / o Dallas, Texas (o en cualquier otro lugar), esto te mostrará de la A a Z, cómo encontrar ese mercado fuera del estado y a administrar la propiedad de manera sencilla y sin esfuerzo.

Sub30k Rental Income System

Finalmente, si eres el tipo de persona que le gusta aprender por su cuenta y a su propio ritmo, ofrecemos el Sub30k Rental Income System, el cual tiene todos los detalles paso a paso sobre cómo construir un portafolio de propiedades de alquiler de precio bajo.

Estos son módulos de capacitación fáciles de implementar, económicos, con pasos y hojas de trabajo. Para aprender más, visita nuestro centro de capacitación:

AffordableRealestateInvestments.com/training-center

CAPÍTULO 12

Resumen y Conclusión

Desearía haber podido escribir más, pero no quiero crear una carpeta de 500 páginas que nunca leerás. Así que, comencé con los parámetros más importantes que mantienen a mis clientes de asesoramiento construyendo exitosamente excelentes portafolios de propiedades de alquiler en todo el país.

Todos hemos visto esos infomerciales en los que un tipo con un traje de lino blanco está montando una lancha, con supermodelos y cadenas de oro, reclamando que ganó millones en bienes raíces y que quiere enseñarte cómo lo hizo. Esos esquemas no son para personas reales, son esquemas piramidales, funcionan para personas cuyas familias pueden darles préstamos "pequeños" de $1,000,000 para comenzar o no funcionan en lo absoluto. Estas personas pagan muchísimo dinero para anunciarse y están buscando ballenas, ballenas del tipo de $50,000 como tarifa de registro.

Tú y yo no somos así. Venimos de vecindarios de clase trabajadora. Nuestras madres y padres usaron uniformes o limpiaron las casas y oficinas de otras personas, marcaban los relojes y trabajaban en el turno nocturno. Hemos trabajado duro toda nuestra vida como ellos y esperamos continuar trabajando duro toda nuestra vida. No esperamos la vida fácil, pero queremos seguridad. Queremos saber que tenemos un ingreso en todo momento, que no tenemos que preocuparnos de dónde vendrá la cena de mañana o si tendremos un techo sólido sobre nuestras cabezas. Queremos saber que no importa lo que haga la economía, nuestro flujo de efectivo permanecerá intacto y queremos poder mirarnos en el espejo y saber que lo que estamos haciendo hace del mundo un lugar mejor.

Affordable Real Estate Investing, utilizando mi Técnica CPR, llena todas esas casillas. Puede darte un ingreso seguro, pasivo y estable. Puede empoderarte para que tomes el control de tu vida en un mundo que a veces parece estar más allá de nosotros y puede permitirte proveer viviendas decentes, de calidad y a precios accesibles a familias trabajadoras que lo merecen y que necesitan un lugar seguro para vivir.

Puedes ser un casero sin ser el estereotípico *"slumlord"*, un casero de barrios, que llega en una limosina a una casa en ruinas sin calefacción en el invierno, exigiendo el alquiler en 24 horas o echarás a la pobre abuelita a la calle. Puedes ser amable, generoso y servicial, ¡Y obtener ganancias!

Aún más emocionante, puedes hacerlo sin tener un padre rico que te ayude a empezar o un gran fondo secreto de donde retirar dinero con los consejos y trucos de los que he hablado en este libro: Yo lo hice con mínimos ahorros y con un historial de crédito cuestionable. Lo hice inmediatamente después de que mi casa fue embargada por el banco, sin trabajo y sin familiares o amigos que me prestaran dinero para comenzar. Si yo pude, tú también puedes. Especialmente con mi ayuda.

¿Qué estás esperando? **¡EMPECEMOS A INVERTIR!**

Acerca del Autor

LISA PHILLIPS ha ayudado a miles de personas a seguir sus sueños y obtener un flujo de efectivo instantáneo a través de inversiones económicas en bienes raíces. Su programa fácil de seguir garantiza el éxito y seguridad para los que realmente quieren alcanzarlo.

Aprende más sobre Lisa en
AffordableRealEstateinvestments.com

Aprende más sobre el programa Affordable Real Estate Investing de Lisa en
AffordableRealEstateinvestments.com/training-center

Asegúrate de obtener una copia GRATUITA de Investing In Rental Properties For Beginners Companion Course en **Lisa-Phillips.thinkific.com/courses/investing-in-rental-properties-for-beginners-companion-course/**

Únete al grupo de Facebook de Lisa aquí:
Facebook.com/groups/Sub30kMastermindGroup

Y dale Me gusta a mi página de Facebook para conectarte y chatear conmigo directamente – **Facebook.com/affordablerei**

¿Puedes Hacerme un Favor?

Mi meta es impactar a millones y ayudar a cerrar la brecha entre la pobreza y la prosperidad para aquellos que piensan que la libertad financiera es solo para los ricos. Tú puedes ayudar siendo parte de ese cambio. Así que, por favor, haz tuya esta visión a gran escala y asegúrate de que las personas sepan que tienen opciones y que tienen una buena oportunidad a pesar de todos los consejos negativos que les hacen creer que no hay esperanza.

Si te gustó este libro o lo encontraste útil, te agradecería que publicaras una breve reseña en Amazon. Los libros como el mío realmente ayudan a mejorar la calidad de vida de la clase media y la clase trabajadora, tanto como inversionistas con bolsillos modestos como tú y las personas para quienes estamos proveyendo viviendas. Y funciona. Sin tu apoyo, habrá muchas más personas que piensan que no pueden tener el sueño porque no son lo suficientemente ricos, ¡Cuando en realidad si pueden!

Puedes ayudar asegurándote de que este mensaje llegue a todos y ayudar a aquellos que perdieron la esperanza a saber que también pueden construir su libertad financiera, sin necesidad de grandes bolsillos.

Sé parte del ejército de clase media que está aprendiendo cómo recuperar nuestro tiempo y nuestros vecindarios y creando un impacto positivo en el país.

Tu apoyo realmente hace una diferencia y leo todas las reseñas personalmente para poder recibir tus comentarios y mejorar aún más este libro.

Asegúrate de obtener mi copia impresa gratuita del _Investing in Rental Properties for Beginners Companion Course_ y sé tratado como los reyes y reinas que son. (Oferta de tiempo limitado)

Si te gustaría dejar una reseña, todo lo que tienes que hacer es ir a Amazon, buscar mi libro y escribir tu reseña.

¡Gracias de nuevo por tu apoyo!

Mi Vida Impulsada por el Alma

MY SOUL POWERED LIFE
ANYTHING IS POSSIBLE

Como habrás notado, estoy más interesada en la calidad de vida que puedes obtener invirtiendo en bienes raíces, no en el dinero que ganaras. El dinero simplemente te libera para que puedas concentrarte realmente en cuál es tu vocación y tu propósito.

A través de mi viaje en descubrir quién era en mi alma, pude alinearme más y más con mi identidad a nivel espiritual. A través de esa búsqueda que incluía psicología, numerología oriental y occidental, astrología y lectura de registros akáshicos, fue fácil tener éxito porque estaba alineada con los dones de mi alma. Ahora, les muestro a todos los que están dispuestos a escuchar que ¡Sí! Tienes un alma hermosa y SÍ, estas aquí por una RAZÓN y SÍ, ¡También tienes dones en tu alma! Y DEBES honrarlos para tener éxito. Y puedes aprender todo esto en una semana, lo que me llevó 18 años para entender. Si deseas aprender acerca de los dones únicos de tu alma, tus tipos de almas, tu camino de vida y tu llamado y propósito superiores de una manera directa que haga que tu alma diga ¡SÍ! Entonces, regístrate en nuestra lista de correo electrónico donde te guiaremos paso a paso a través del proceso de esta información que es fácil de descubrir. https://bit.ly/SoulPowerBookInvite (sensible a mayúsculas y minúsculas) o videos gratuitos y guías fáciles de seguir en el canal de YouTube en http://bit.ly/SoulPowerOnYoutube (sensible a mayúsculas y minúsculas).

Guía de Recursos

El Wealth Building CPA – Ebere Okoye
https://thewealthbuildingcpa.com/

Quickbooks Self Employed – http://fbuy.me/jqgcD

Aplicación Payoff Your Debt – Te ayuda a pagar tus deudas personales (lo cual te libera para invertir en propiedades de alquiler). Fácil de usar y extremadamente efectiva. ¡Obtén La App Aquí!

Planes Legales Prepago de Legalzoom – Cuando no puedes pagar $250 la hora por un abogado, esto funcionará bien para obtener respuestas a preguntas específicas relacionadas con arrendamientos/propiedades de alquiler y proteger tus activos. ¡Obtén El Plan Aquí!

SOFI – En una publicación reciente en mi blog, usé SOFI para obtener un préstamo personal de $15,000 por siete años para asistirme con una renovación. Tomó cuatro días y los volveré a usar en el futuro. www.sofi.com/affordablerei

Recomendaciones de Libros

Tax Free Wealth por Tom Wheelwright – Cómo Construir una Riqueza Masiva al Reducir Tus Impuestos

Rich Dad, Poor Dad por Robert Kiyosaki – Lo que los ricos les enseñan a sus hijos sobre el dinero que los pobres y la clase media no.

What Wealthy Women Know por Carolyn Hudman – Las reglas no dichas y las inversiones diarias de la clase alta

Your Limited Liability Company – Un Manual de Operación Por el Abogado Anthony Mancuso

Inspecting A House por Rex Cauldwell – Para profesionales por profesionales, se toma tiempo terminarlo, pero tiene buena información privilegiada.

The Everything Lease Addendum por Elizabeth Colegrove – Especialmente bueno para los caseros fuera del estado que quieren crear el arrendamiento perfecto.

Building Wealth with Inner-city Investing With Al Williamson– Cómo los caseros en vecindarios con problemas pueden aumentar su flujo de efectivo, valor de las propiedades y calidad de los inquilinos.

www.ingramcontent.com/pod-product-compliance
Lightning Source LLC
Chambersburg PA
CBHW032005180326
41458CB00040B/6526